Carsten Peter Thiede

FUNDE
FAKTEN
FÄHRTEN
SUCHE

Spuren des frühen
Christentums
in Europa

Titelseite:
Christus-Mosaik von Hinton St. Mary:
Ecke mit Evangelistenkopf. In der Mitte der
Christus-Kopf mit „Chi-Rho" (vgl. S. 94).

Abbildungen:
Carsten Peter Thiede, Paderborn: Umschlag,
V, 1, 2, 3, 4, 5, 9, 11, 13, 15, 16, 17, 18, 19,
20, 21, 22, 23, 24, 26, 28, 29, 30, 40, 41, 42,
43, 46, 47, 48, 49, 50, 51, 52, 53, 55, 57, 58,
60, 61, 62, 63, 64, 65, 66, 67, 68, 69, 72, 73,
75, 77, 83, 84, 89, 91, 92, 93, 97, 98, 99, 101,
102, 103, 104, 105, 106, 107, 108, 110, 111,
112, 113, 115, 116, 119, 120, 124, 131, 133,
134, 135, 136, 138, 140, 143, 146, 147, 148

Datafoto International, Bunschoten:
31, 35, 37, 117

Pontifica Commissione di Archeologia Sacra:
29, 46, 120, 121

Oliver Kohler: 132, 136

Roland Sheridan: 81, 87

Birmingham University Field Archaeology
Unit: 75

L. & R. Adkins, Lonestone: 56, 89

Trustees of the British Museum: Umschlag,
3, 90, 91, 93, 94

Corinium Museum, Cirencester/
Rex Knight: 85

Manchester Museum: 85

Dean & Chapter of York/Derek Phillips: 81

Reading Museum, Silchester: 74, 76

L. Stanley: 73

Zefa, London: 59

Department of Greater London
(Archaeology): 59

Kent Archaeological Rescue Unit: 57

Yorkshire Museum: 79

Museum of London: 60

Erzabtei St. Matthias, Trier: 39, 44, 45

Reverenda Fabbrica di S. Pietro: 118

Rheinisches Landesmuseum, Bonn: 118

Benedettine de Priscilla, Rom: 119

Basilica S. Croce in Gerusalemme: 128, 129

S. Mitropoulos, Jerusalem: 131

John Crook, England: 139

Bargil Pixner, Tabgha: 146

S. Couãsnon: 137

J. Wilkinson: 137

Dominicani di S. Sabina: 144, 145

Vatikanische Museen: 122

© 1992 R. Brockhaus Verlag
Wuppertal und Zürich

Gesamtgestaltung:
Carsten Buschke, Solingen

Satz:
vom Schemm & Müller GmbH, Solingen

Druck: EGEDSA, Spanien

D.L.B.: 32.943-92

ISBN 3-417-24635-0

INHALT

EINLEITUNG
DIE BEIDEN CAESAREAS ... 1
Hintergründe und Anfänge ... 2
Christus gegen Pan ... 3
Der Weg nach Westen ... 6
Die Folgen ... 8

I.1. OSTIA ANTICA UND DIE WEGE NACH ROM ... 11
Reiserouten ... 12
Die älteste Synagoge ... 13
Erste Christen in Ostia Antica ... 15

I.2. ROM ... 17
Vorbereitungen ... 18
Zu Hause bei Lucina? ... 19

I.3. PETRUS UND SEIN KREIS ... 23
Wo wohnte der Apostel? ... 24
Ketten, Knochen und Graffiti ... 27
Petrus und Paulus ... 30

I.4. LYON UND SEINE MÄRTYRER ... 31
Ein strategisches Zentrum ... 32
Ein authentischer Ort ... 34
Die Ausgrabungen ... 36

I.5. EIN FRÜHES VERWALTUNGSZENTRUM: TRIER ... 39
Ein Prachttor fast in alter Form ... 40
Vornehme Römer, vornehme Christen ... 42

I.6. EINE FROMME FLOTTE: KÖLN UND BONN ... 47
Ein Kaiser als Herr und Gott ... 48
Mars und Dionysos ... 50
Herr und Gott ist nicht der Kaiser ... 52

I.7. AUF BRITISCHEM BODEN: DOVER UND DER WEG NACH LONDON ... 55
Namen und Legenden ... 56
Eine frühe Konkurrenz ... 60

I.8. LONDON ... 63
Am Rande Londiniums ... 64
Ein Haus vor den Toren der Stadt ... 65
Vom Wahrscheinlichen zum Unwahrscheinlichen ... 68
Christen in der Provinz ... 70

I.9. SILCHESTER UND SEINE KIRCHE ... 71
Eine versunkene Stadt ... 72
Reiche Bewohner, Einheimische und Römer ... 74

Die Christen treten auf ... 76

I.10. DER WENDEPUNKT: YORK UND KONSTANTIN ... 79
Hintergründe ... 80
Spärliche Reste ... 82
Vater, Mutter, Sohn und die Veränderung der Weltgeschichte ... 83
Auf halbem Wege: Doppeldeutige Symbolik ... 85

II.1. SCHÄTZE EINER SICH ÄNDERNDEN GESELLSCHAFT ... 87
Eine Villa am Fluß ... 88
Reichtümer im Boden ... 91
Ein jüdischer Fund? ... 93

II.2. ZURÜCK AUF DEN KONTINENT MIT KONSTANTIN: TRIER UND KÖLN ... 97
Macht muß sichtbar sein ... 98
Die erste Kirche Konstantins ... 100
Eine Kölner Sonne ... 103

II.3. EIN ERLASS UND SEIN ORT ... 107
Spärliche Spuren ... 108
Die Erben des Edikts ... 109
Eine Legende kommt und geht ... 113

II.4. DAS ZENTRUM WIRD GESICHERT: KONSTANTINS EROBERUNG UND ROMS WEG ZUR HERRSCHAFT ... 115
Gegen den Senat ... 116
Die Politik der Bilder ... 118
Rom wird eine Stadt der Kirchen ... 120

II.5. DAS HEILIGE LAND RUFT: HELENA UND IHRE ENTDECKUNGEN ... 125
Eine hochgeehrte Dame ... 126
Ein Haus für den Hort ... 127
Der Ring des Kreuzes ... 131

II.5. KAISERLICHES CHRISTENTUM UND DIE SPUREN: KONSTANTINS JERUSALEM ... 133
Ein folgenreicher Fund ... 134
Ein Zeichen für die Welt ... 140
Zusammenhänge ... 142

II.6. JERUSALEM ODER ROM? RESTE DER EINHEIT IN DER VIELFALT ... 143
Zurück zu den Wurzeln ... 144
Die Quellen Europas ... 148

EINLEITUNG

Die beiden Caesareas

Bei Caesarea Philippi, südlich vom Berg Hermon, hatte Jesus seine Jünger gefragt: „Ihr aber, für wen haltet ihr mich?" Und Petrus hatte geantwortet: „Du bist der Messias, der Sohn des lebendigen Gottes!"

An diesem Ort, nahe bei einem vielbesuchten Heiligtum des Gottes Pan, wurden der alten europäischen Mythologie zum ersten Mal der Anspruch Jesu und seine Botschaft gegenübergestellt. Neueste Ausgrabungen, die auch in den kommenden Jahren noch weitergehen werden, geben Aufschluß über die Bedeutung der Stätte zur Zeit Jesu.

Ein anderes Caesarea im Heiligen Land, Caesarea Maritima, war der bedeutendste Hafen der Westküste. Hier wurden die ersten Römer Christen, hier verbrachte Paulus seine Gefangenschaft vor dem Transport nach Rom, und von hier aus reisten die Christen mit der Botschaft des Evangeliums nach Europa.

Das Theater von Caesarea Maritima, 1959 wiederentdeckt, mit dem Blick auf die sichtbaren Reste des antiken Hafens.

DIE BEIDEN CAESAREAS

Das Heiligtum des Pan in Caesarea Philippi, mit einer der Jordanquellen (nahr banyas). In der Nähe wird zur Zeit ein Augustus-Tempel ausgegraben. Deutlich sichtbar ist die höhlenartige Vertiefung in der Bildmitte, unterhalb des Felsmassivs.

Hintergründe und Anfänge

Die christliche Botschaft erreichte Europa wohl innerhalb weniger Wochen nach der Kreuzigung und Auferstehung Jesu. Fünfzig Tage nach Ostern sprach der Apostel Petrus zu einer großen Menschenmenge, die nach Jerusalem gekommen war, um „Schavuot" zu feiern, das Wochenfest. Der christliche Historiker Lukas teilt mit, daß darunter Pilger aus Asien, Afrika, Arabien, Syrien, Kreta und aus Rom waren (Apostelgeschichte 2, 9–11). Die Griechen schienen nicht vertreten gewesen zu sein, doch wichtig ist, daß Rom, die ferne Hauptstadt des Imperiums, eigens hervorgehoben wird.

Tausende wurden an diesem Tag Christen und ließen sich taufen (Apostelgeschichte 2, 41), unter ihnen sicher auch einige der Römer, die dann nach Ende des Wochenfestes zurück in ihre Heimatstadt reisten. Schon im Frühjahr des Jahres 30 n. Chr. könnte es also eine erste christliche Gemeinde im Herzen Europas gegeben haben.

Warum aber sprachen die Christen Jerusalems schon so früh zu Ausländern, Juden und „Heiden", nicht erst nach Jahren und Jahrzehnten des Nachdenkens und Abwägens? Offensichtlich nahmen sie von Anfang an den Missionsauftrag des auferstandenen Jesus ernst: sie sollten zu *allen* Völkern gehen, *alle*

Menschen zu seinen Jüngern machen *und* sie taufen (Matthäus 28, 19).

Doch dieser Missionsauftrag kam nicht unvorbereitet: Wenige Jahre zuvor hatte sich im Norden Galiläas ein Ereignis abgespielt, das nun als erste Grundlegung verstanden werden konnte. In Caesarea Philippi hatte Jesus seine Jünger gefragt, für wen sie ihn hielten, und Simon hatte ihn als Messias, als Christus bezeichnet (Matthäus 16, 15–16; Markus 8, 29). Die Folgen dieses Messias-Bekenntnisses sind bekannt: Jesus gab Simon den Beinamen „Petrus", Fels. Was er aber dann sagte, das läßt sich richtig erst vor dem Hintergrund der archäologischen Wiederentdeckung dieses Ortes verstehen.

Christus gegen Pan

Die Stadt, die zur Zeit Jesu den Namen Caesarea Philippi trug, hieß ursprünglich Panion. Dieser Name, der auch im heutigen Ortsnamen „Banjas" noch zu erkennen ist, verwies auf die Hauptattraktion des Ortes: ein berühmtes Heiligtum des Gottes Pan. In der antiken Mythologie galt Pan als Gott der Fruchtbarkeit und daher oft auch als Gott der Sexualität. Im 1. Jahrhundert, das heißt zu der Zeit, als Jesus und die Jünger hierherkamen, war Pan zum „Allgott" geworden. Diese allumfassende Rolle hatte er nicht zuletzt seinem Namen zu verdanken; „Pan" heißt griechisch „alles" und ist z.B. noch in dem Wort „Pano-

Der Fels mit der Höhle des Pan-Heiligtums. Unmittelbar darüber die große Pan-Nische, rechts mehrere kleinere Nischen. Während die Inschriften noch deutlich sichtbar sind, fehlt von den Statuen und Statuetten bisher jede Spur.

Pan spielt auf der „Pan"-Flöte und tanzt mit einer Mänade. Silber aus dem britischen Mildenhall-Schatz, ca. 350 n. Chr.

Der von Herodes erbaute Aquädukt bei Caesarea Maritima. Das heutige Erscheinungsbild ist von Ergänzungen Hadrians im 2. Jahrhundert n. Chr. geprägt. Ursprünglich hatte diese Wasserleitung eine überirdische Länge von zehn Kilometern; zehn weitere Kilometer verliefen in Form von Tunneln und Kanälen. Der Aquädukt wurde erst im März 1963 wiederentdeckt.

rama" enthalten. Auch die plötzliche, grundlose Flucht von Herden in der heißen Mittagssonne wurde auf das Wirken des Gottes zurückgeführt: daher das in fast allen westlichen Sprachen erhaltene Wort „Panik" für irrationales Fluchtverhalten.

Das Heiligtum des Pan bei Panion war ein beliebter Zwischenhalt für Reisende von und nach Damaskus, lange schon bevor Herodes der Große nahebei im Jahre 20 v. Chr. einen Tempel für den Kaiser Augustus errichtete und sein Sohn Philippus im Jahre 2 v. Chr. die Stadt in Caesarea Philippi umbenannte – womit er geschickt sowohl den Kaiser („Caesar") als auch sich selbst, Philippus, ehrte.

Caesarea Philippi besitzt eine der Jordan-Quellen, den sogenannten *nahr banyas*. Auch Jesus und seine Jünger wußten das; er selbst und einige der anderen waren in diesem Fluß weiter südlich von Johannes getauft worden. So war der Ort aus zwei Gründen ideal für die Frage Jesu: „Ihr aber, für wen haltet ihr mich?" Zwischen der Erinnerung an die Taufe durch Johannes im Fluß, der hier entsprang, und dem überwältigenden Eindruck des Felsens, in den das Pan-Heiligtum geschlagen worden war, mußten die Frage und ihre Beantwortung nicht nur historische, sondern auch symbolische Bedeutung für die weitere Entwicklung des christlichen Glaubens erhalten.

Kaum hat Petrus sein Bekenntnis ausgesprochen, empfängt er ein weitreichendes Versprechen: „Ich aber sage dir: Du bist Petrus, und *auf diesem Felsen* werde ich meine Kirche bauen, und *die Pforten der Hölle* sollen sie nicht überwinden." Alle, die das hörten, hatten den Anblick vor Augen: Da war der riesige Felsen mit dem Heiligtum, den vielen kleinen Nischen, in denen Götterstatuen standen, und in der Mitte die große, tiefe Höhle unmittelbar unter der Hauptstatue der Gottheit. So konnte es jeder verstehen: Jesus verspricht dem Petrus, daß die Zeit des Pan-Felsens, die Zeit der heidnischen Gottheiten, vergehen wird. Er verspricht ihm, daß die Pforten der alten Kulte, sichtbar noch in den Statuetten der Nischen und der großen Höhle in der Mitte, den neuen Glauben nicht überwinden werden.

Ein Jude wie Simon Petrus dürfte in diesem Augenblick auch an „Scheol" gedacht haben, die Vorstellung der „Hölle", wie sie z. B. Jesaja formulierte; doch Jesus zieht das prophetische Bild und die Gegenwart des Heidnisch-Mythologischen zusammen. Eine „Hölle" wird es immer geben, aber seine Anhänger werden die Kraft haben, ihrer Bedrohung zu widerstehen. In der Person des Simon Petrus, Simons „des Felsen", hat diese neue Kraft ihren ersten Repräsentanten.

In diesem historischen Moment benutzte also Jesus die Gegenwart eines bedeutenden und einflußreichen europäischen Kultes, um sein Versprechen zu formulieren. Caesarea Philippi wurde als Ort gewählt, weil gerade hier die Herausforderung des Glaubens an Jesus als den Messias auch für die heidnische Welt des Römischen Reiches deutlich gemacht werden konnte.

Sorgfältig bezeichnen sowohl Markus (Markus 8, 27) als auch Matthäus (Matthäus 16, 13) den Namen des Ortes. Viele ihrer Leser würden von dem berühmten Pan-Heiligtum gehört haben; manche dürften auch selbst schon dort gewesen sein. Für diese Leser war sofort begreifbar: Jesus war dem Heidentum nicht etwa aus dem Weg gegangen; er hatte sich ihm vielmehr an einer seiner bekanntesten Stätten entgegengestellt. Erst später konnte dann deutlich werden, daß diese Herausforderung der griechisch-römischen Mythologie noch eine weit größere strategische Bedeutung hatte als die Herausforderung, die Jesus für viele seiner Mitjuden, vor allem unter den Sadduzäern und Pharisäern, darstellte. Es war jedenfalls kein Zufall, daß er mit der Frage an die Jünger nicht wartete, bis sie den Tempel in Jerusalem erreichten. Die Vorbereitung für den Missionsauftrag, *allen* Völkern den christlichen Glauben zu bringen, geschah vor dem Heiligtum des *All*-Gottes in Caesarea Philippi und signalisierte den kommenden Untergang des Heidentums.

DIE BEIDEN CAESAREAS

Der Weg nach Westen

Als das Evangelium in den Jahren nach 30 n. Chr. aus dem Heiligen Land nach Europa gebracht wurde, da war Caesarea Maritima der natürliche Ausgangspunkt. Die Hafenstadt lag verkehrsgünstig an der Via Maris, der Haupthandelsstraße zwischen Damaskus und Ägypten. Schon seit 6 v. Chr. hatten hier die römischen Prokuratoren ihren offiziellen Sitz. Herodes der Große hatte die Stadt zwischen 22 und 9 v. Chr. prachtvoll neu erbaut; eines der heute teilweise wieder ausgegrabenen Zeichen seiner aufwendigen Bautätigkeit ist der kilometerlange Aquädukt. Jüngst sind auch weitere Reste des von ihm zu Ehren des Augustus errichteten Tempels gefunden worden. Für den heutigen Besucher bietet sich das ein wenig südlich gelegene Theater als das eindrucksvollste Vermächtnis des Bauherrn Herodes dar. Nach seiner Wiederentdeckung im Jahre 1959 wurde es allerdings durchgreifend restauriert und wird heute wieder für Theater, Konzerte und Ballettaufführungen genutzt. Historisch steht es nicht nur für die Prachtentfaltung des Herodes; es dokumentiert auch die Durchdringung dieser Landstriche mit griechisch-römischer Kultur. Aramäisches oder hebräisches Theater gab es nicht – wenn hier Tragödien oder Komödien (oder andere Bühnenspielformen) inszeniert wurden, dann fast ausschließlich in griechischer, selten auch einmal in lateinischer Sprache. Das hielt aber auch Juden nicht vom Theaterbesuch ab; Zwei- oder Mehrsprachigkeit war selbstverständlich. Und so wie Jesus

Der Tempel, den Herodes der Große seinem Schutzherrn, dem Kaiser Augustus, errichtete. Laufende Ausgrabungen haben kürzlich Reste eines Altars der römischen Stadtgottheit zum Vorschein kommen lassen. Das obere Podium wurde jahrhundertelang von Christen genutzt. Teile der großen Bibliothek könnten hier gestanden haben. Später wurde daraus eine Moschee, dann, im 12. und 13. Jahrhundert, eine Kreuzfahrer-Kathedrale. Auf dem Bild sind zwei Säulenkapitelle mit Kreuzen zu erkennen.

und seine Jünger eine griechische Theateraufführung verstanden hätten, so dürfte dies auch den nicht-römischen Bewohnern Caesareas keine Schwierigkeiten bereitet haben.

Bei Erweiterungsarbeiten in nach-neutestamentlicher Zeit wurde in die Stufen dieses Theaters ein Stein eingebaut, den man 1961 wiederentdeckte. Die Inschrift weist darauf hin, daß er zu einem offiziellen Gebäude, einem dem Kaiser Tiberius geweihten „Tiberieum" gehört haben muß, und daß der Mann, der die Widmung niederschreiben ließ, kein anderer als Pontius Pilatus war, der Präfekt, der Jesus zum Tode verurteilte. Pilatus wird zwar in mehreren literarischen Quellen außerhalb des Neuen Testaments erwähnt – Philo von Alexandrien, Flavius Josephus und der römische Historiker Tacitus nennen und beschreiben ihn –, doch dieser Stein ist das einzige archäologische Dokument seiner Existenz und Amtsbezeichnung. Von Caesarea aus reiste Pilatus nach Jerusalem, wann immer besondere Ereignisse dort seine Anwesenheit erforderten. So kam es auch, daß er zum Passah-Fest des Jahres 30 in Jerusalem war, als Jesus vor ihn gebracht wurde.

Der antike Hafen Caesareas ist von Unterwasserarchäologen wiederentdeckt worden. In jährlichen Grabungskampagnen wird das Areal untersucht. Die wenigen Reste, die oberhalb des Wassers zu sehen sind, lassen die bautechnische Kunst dieser Hafenanlage nur ahnen; aber schon jetzt steht fest, daß hier einer der effizientesten Häfen der römischen Antike angelegt worden war. Von hier aus konnten jene Römer, die in Jerusalem die Pfingstpredigt des Petrus gehört hatten, in ihre Heimat zurückreisen. Hier hatte der Evangelist Philippus ein Haus (Apostelgeschichte 21, 8), und hier taufte Petrus den römischen Zenturio Kornelius, den ersten hochrangigen römischen Soldaten, der – mit seinem ganzen Haushalt – Christ wurde (Apostelgeschichte 10). Gerade die Anwesenheit des Kornelius und seiner Angehörigen in Caesarea könnte auf eine weitere Möglichkeit der Glaubensverbreitung bis nach Rom hinweisen: Menschen aus dem Umkreis eines der führenden Bewohner der Stadt könnten auf einem der vielen Schiffe, die von hier nach Rom gingen, auch die Botschaft von Jesus Christus mit in die Reichshauptstadt genommen haben. Solche Reisen konnten sich selbst einfache Bürger leisten: Seneca, ein zeitgenössischer römischer Autor, teilt mit, daß Seereisen zu den Dingen gehörten, die „billig verkauft wurden" (*De Beneficiis* 6, 15:6–16:1).

Aus Caesarea reiste Paulus nach Tarsus (Apostelgeschichte 9, 30). Hier traf er später bei der Rückkehr von seiner zweiten und dritten Missionsreise ein, hier wurde er von Felix und Festus verhört (Apostelgeschichte 24–26), und von hier aus verließ er das Heilige Land zum letzten Mal, als er nach Rom reiste, nachdem er – als römischer Bürger – Berufung beim Kaiser Nero eingelegt hatte (Apostelgeschichte 25, 11–12; 27, 1–2).

DIE BEIDEN CAESAREAS

Das Theater von Caesarea Maritima. In seiner heutigen Gestalt ist es stark restauriert.
Hier erlitt Herodes Agrippa (41–44 n. Chr.), der König, der den Zebedaiden Jakobus hinrichten ließ (Apostelgeschichte 12, 2), einen tödlichen Anfall (Apostelgeschichte 12, 19b–23).
Das Bild oberhalb des Theaters zeigt ein Marmorrelief des 2. Jahrhunderts n. Chr. mit einer tragischen und komischen Maske.

Die Folgen

Es sind noch nicht viele eindeutige Spuren der christlichen Aktivitäten in Caesarea wiedergefunden worden. Bekannt ist allerdings, daß es schon im 2. Jahrhundert der Sitz eines Bischofs wurde. Im frühen 3. Jahrhundert wirkte hier Origenes und trug wesentlich zum Ausbau der berühmten christlichen Bibliothek von Caesarea bei. Als Euseb, der später den Beinamen „von Caesarea" erhielt, hier im Jahre 313 Bischof wurde, besaß die Bibliothek rund 30 000 Schriftrollen und Kodizes und war damit das größte christliche Archiv im Römischen Reich. Nicht weit von der Stelle, an der wohl einst diese Bibliothek stand, wurde der Tempel des Augustus wiederentdeckt. Vor seinen Überresten sieht man einzelne Säulenkapitelle mit dem christlichen Kreuz – vorerst letzte sichtbare Spuren der christlichen Vergangenheit Caesarea Maritimas.

Doch als Euseb hierherkam, da war der christliche Glaube im ganzen Reich verbreitet. Die beiden Caesareas hatten ihre wegweisende Funktion erfüllt: Das

DIE BEIDEN CAESAREAS

eine, hoch im Nordosten, stand für die Überwindung der antiken Mythologien durch den historischen Jesus Christus – ein Programm und eine Aufgabe, der sich gerade auch jener Euseb im anderen Caesarea in seinen Schriften immer wieder stellte. Und dieses andere Caesarea, an der Küste im Westen, hatte sich mehr als einmal bewährt als der Ausgangspunkt, von dem das Evangelium nach Europa gelangte. Wenn heute die Mehrzahl der Forscher meint, daß das älteste Evangelium, das des Markus, in Rom entstand und von dort aus ins Heilige Land gelangte, dann würde es über Caesarea gekommen sein. Sollten jene recht haben, die dieses Evangelium in den frühen fünfziger Jahren hier in Caesarea entstanden wissen wollen, so wäre es umgekehrt von hier aus ins Zentrum des Reiches gelangt. An Caesarea führte kaum ein Weg vorbei.

So nimmt auch dieses Buch hier seinen Ausgangspunkt. In siebzehn Kapiteln verfolgt es anhand ausgewählter archäologischer Funde den Weg des christlichen Glaubens über Rom in den Norden bis nach Britannien. Dort, in York, wurde im Jahre 306 Constantin nach dem Tod seines Vaters Constantius zum Kaiser des Westreiches ausgerufen. Mit ihm kehrt das Buch im zweiten Teil zurück ins Heilige Land, bis es im Jahre 326 in Jerusalem ankommt, als dort die Kirche über dem Golgatha-Felsen und dem Leeren Grab gebaut wird. Das Christentum, das dort eintrifft und auf die Traditionen derer stößt, die nie weggegangen

Dieser 1961 entdeckte Kalkstein enthält die einzige bekannte Inschrift mit dem Namen und Amtstitel des Pilatus.
Außerhalb der Klammern der sichtbare Text; innerhalb der Klammern die vervollständigende Rekonstruktion:
[CAESARIENSIBUS]TIBERIEUM
[PON]TIUSPILATUS
[PRAEF]ECTUSIUDA[EA]E
[D]E[DIT]
(„Den Einwohnern von Caesarea dieses Tiberieum/ Pontius Pilatus/Praefekt von Judaea/gab.")
Pilatus war von 26 bis 36 n. Chr. Präfekt Judäas. Sein rechtlicher Titel wäre „Prokurator" gewesen – so nennt ihn der Historiker Tacitus –; im Neuen Testament wird die griechische Bezeichnung „hegemon" benutzt.

DIE BEIDEN CAESAREAS

● Schon lange vor der neutestamentlichen Zeit hatten sich Juden überall im Römischen Reich niedergelassen. Diese Karte zeigt jüdische Ansiedlungen zur Zeit der Pfingstrede des Petrus im Jahre 30 n. Chr.

Der Hafen von Caesarea wurde von einem zeitgenössischen jüdischen Historiker, Flavius Josephus, ausgiebig gerühmt (Jüdischer Krieg 1, 21:6–7). Über dem Wasser sind nur wenige alte Reste zu sehen; Reste der Kreuzfahrer-Zitadelle und ein Säulenstumpf in den Wellen markieren einen Teil des Bereichs, in dem Unterwasser-Archäologen seit 1960 tätig sind.

waren, hatte sich verändert. Es hatte die Formen und Strukturen gewonnen, mit denen es zur prägenden Kraft der abendländischen Geschichte wurde. Aber es war dennoch erkennbar geblieben als der Glaube, der hier mit dem Missionsauftrag des gekreuzigten und auferstandenen Jesus Christus seinen Ausgang genommen hatte.

KAPITEL I.1

Ostia Antica und die Wege nach Rom

Viele Wege führten nach Rom. Einer von ihnen kam aus Ostia, dem Seehafen der am Tiber gelegenen Hauptstadt. Ausgrabungen haben unter anderem die antike Synagoge zum Vorschein gebracht – die älteste, die bisher auf europäischem Boden gefunden wurde. Auch die ersten Judenchristen haben sich hier vor der Weiterreise nach Rom aufgehalten.

Architrav der Synagoge von Ostia Antica, mit dem siebenarmigen Leuchter (Menora). Der Tragbalken gehörte zur Aedicula des „Aron" oder „Aron Hakkodesch" („heilige Lade"), dem Raum, in dem die Schriftrollen aufbewahrt wurden. Obwohl die Aedicula in der heute sichtbaren Form aus dem 4. Jahrhundert stammt, dürfte der Architrav mit der Menora noch auf den Vorgängerbau des 1. Jahrhunderts n. Chr. zurückgehen.

Reiserouten

Leser der Apostelgeschichte wissen, wie Paulus nach Rom gekommen ist: zu Schiff über Rhegion bis Puteoli. Von dort ging es auf dem Decemnovium-Kanal durch die Pomptinischen Sümpfe bis Forum Appii, 43 Meilen vor Rom, wo ihn eine erste Delegation römischer Christen erwartete. Gemeinsam ging man auf dem Landweg weiter, die Via Appia entlang, bis Tres Tabernae, 33 Meilen (ca. 48 km) südöstlich von Rom, wo es erneut zu einer Begegnung mit stadtrömischen Christen kam. Der weitere Weg nach Rom verlief auf direkter Linie und war vor Rom von prachtvollen Grabanlagen gesäumt. Die Trasse der Via Appia ist zwar vollständig nachweisbar, doch wer dem Reiseweg des Paulus folgen will, stößt noch immer auf ungelöste Probleme. Wo war z. B. Tres Tabernae? Neuere Forschungen lassen vermuten, daß es in der Nähe des heutigen Casal Torre Ubaldo lag, doch Grabungen haben auf dem Areal, das sich in Privatbesitz befindet, noch immer nicht begonnen. Und dies, obwohl der Ort auch in der außerbiblischen antiken Literatur eine Rolle spielt und schon im Jahre 313 Bischofssitz wurde. Übersichtlicher und ergiebiger ist da der andere große Anlaufpunkt von Romreisenden aus dem Nord-

Synagoge von Ostia Antica. Gesamtansicht der 1961–1962 ausgegrabenen Bauteile des 1. bis 4. Jahrhunderts. In der Mitte der zentrale Kultraum mit den vier korinthischen Säulen; rechts der älteste Teil aus dem 1. Jahrhundert mit der Wand im rautenförmigen opus reticulatum-Stil. Dazwischen die Aedicula des Aron, der Raum zur Aufbewahrung der Schriftrollen.

westen, Westen und Südwesten: Ostia. Nur rund 25 km von Rom entfernt und mit der Hauptstadt nicht nur durch eine Landstraße, sondern auch durch den Tiber verbunden, war diese Stadt zur Zeit der ersten Christen ein bedeutender Handelsumschlagplatz, wo Menschen aus allen Teilen des Imperiums zusammenkamen. Daß hier auch fast jeder religiöse Kult der damaligen Welt vertreten war, versteht sich da von selbst. Früh schon waren hier auch die Juden heimisch. Ihre Synagoge bauten sie nahe an der damaligen Küste (die heute durch Versandung weit nach Nordosten verschoben ist), außerhalb der Stadtmauer, unmittelbar vor dem nördlichen Stadttor am Ende des *Decumanus maximus*, der „Porta Marina".

Die älteste Synagoge

Erst 1961 wurden bei Versuchsgrabungen Reste einer großangelegten Synagoge gefunden, deren älteste Teile vom Anfang des 1. Jahrhunderts n. Chr. stammen. Wer auf der Nord-Süd-Straße, dem *Decumanus maximus*, durch die Stadt ging und sie in Richtung Strand durch die *Porta Marina* (deutsch: „Meerestor") verließ, hatte gleich links an der Via Severiana den Eingang zur Synagoge vor sich. Umgekehrt konnten Besucher, die nicht erst durch die Stadt wollten, vom Hafen aus direkt zur Synagoge

Detail: Zwei korinthische Säulen im Eingangsbereich des Gebetsraumes.

Stifterinschrift des Mindis Faustos, spätes 1./frühes 2. Jh. n. Chr. Der Text beginnt mit einer lateinischen Ehrbezeugung an den Kaiser: PRO SALUTE AUG(USTI), „für das Heil des Kaisers". Die folgenden Zeilen sind in fehlerhaftem Griechisch verfaßt; die Namenszeile ist nach Ausmeißelung eines früheren Textes in anderer Schrift nachgetragen worden, so daß hier wohl ein älterer Stiftungsstein von Mindis Faustos bzw. dem Steinmetz neu benutzt wurde.
OIKODOMĒS ENKE AIPO SĒ ENEKTON AUTOU DO MATON KAI TĒN KEIBŌTON ANETHĒKEN NOMŌ AGIŌ MINDIS PHAUSTOS ME DI(.)
„Um seiner umfassenden Erbauung willen und mit Hilfe seiner Gaben hat Mindis Faustos für das Heilige Gesetz (d.h. für die Thora-Rollen) auch diese Kiste (d. h. Lade) aufgestellt."

Teilansicht des wieder ausgegrabenen Ostia Antica. Im Mittelpunkt das Kapitol, im Hintergrund der Tiber.

Kleiner Brunnen über einer Zisterne zur Wasserzufuhr für die Reinigungsbäder.

gelangen. Diese Lage entsprach der gesellschaftlichen Stellung der Juden: Auf der einen Seite galten sie als Außenseiter, deren strenge Rituale der Verehrung eines einzigen, abbildlosen Gottes Unverständnis und Mißtrauen erweckten, auf der anderen Seite aber galten sie als loyale, arbeitsame Bürger, denen immer wieder staatliche Privilegien zuteil wurden. Vertreibungen und Verfolgungen waren eine seltene Ausnahme, so etwa unter Claudius im Jahre 49 n. Chr., als die Auseinandersetzung mit den römischen Christen für öffentliche Unruhen sorgte und der Kaiser die jüdischen und judenchristlichen Gemeindeleiter und Notabeln gemeinsam aus der Stadt wies (vgl. auch Apostelgeschichte 18, 2). Doch als die Juden in Palästina unter Nero den Aufstand gegen die Römer wagten, der im Jahre 70 n. Chr. in der Zerstörung Jerusalems und des Tempels durch Titus gipfelte, da blieben die Juden Roms und Ostias von „sippenhaftenden" Strafmaßnahmen verschont.

Auch die Synagoge von Ostia verrät wachsenden Wohlstand: Die ständigen Ausbau- und Verschönerungsmaßnahmen, die bis ins 4. Jahrhundert andauerten, lassen auf Selbstbewußtsein und Einfluß schließen. Der Blick auf den zentralen Kultraum mit seinen vier hohen, grauen Marmorsäulen, die in korinthischen Kapitellen aus weißem Marmor enden (siehe Abbildung S. 13), kunstvoll ausgeführt bis hin zu Licht-und-Schatten-Wirkungen in den Kapitellen, ist dafür ein eindrucksvolles Zeugnis. All dies ist um so erstaunlicher, als die jüdische Gemeinde Ostias auf ihrem Höhepunkt kaum mehr als 500 Mitglieder gehabt haben dürfte; für Rom dagegen schwanken die Schätzungen zwischen 60000 und 90000 in neutestamentlicher Zeit.

Aus der Gründungszeit, dem frühen 1. Jahrhundert n. Chr., sind wenige Teile sichtbar erhalten: Reste des Fußbodens und der steinernen Sitzbänke sind ausgegraben worden, ferner Mauerreste im rautenförmigen *opus reticulatum*-Stil. Das Bild S. 13 läßt diese ältesten Teile am rechten Rand erkennen. Auch die Menora des Architravs (siehe Bildunterschrift S. 11) dürfte aus dieser Phase stammen.

Der kleine Brunnen (Bild S. 14) ist möglicherweise ebenfalls auf die erste Synagoge zurückzuführen. Er befindet sich links vom Haupteingang über einer Zisterne, die die Zufuhr des Wassers für die Reinigungsbäder sicherstellte. Spuren dieser *Mikvaot* des 1. bis 4. Jahrhunderts sind ebenfalls gefunden worden.

Besonders aufschlußreich ist eine Inschrift des späten 1. oder frühen 2. Jahrhunderts, die in die erste Synagoge eingebaut und später im Fußboden der Synagoge des 4. Jahrhunderts wiederverwendet wurde (Bild S. 14). Mindis Faustos, das bis heute einzige namentlich bekannte Mitglied der Synagogen-Gemeinde von Ostia Antica, verewigt sich hier als Stifter der Heiligen Lade und stellt seinem griechischen Text eine lateinische Ehrbezeugung an den Kaiser voran: *Pro salute Aug(usti)*, für das Heil des Kaisers. Die Zweisprachigkeit der Inschrift ist zugleich ein Hinweis auf die Fähigkeit der Juden, sich mühelos in einer mehrsprachigen Kultur zu bewegen. War Latein die eigentliche Sprache Roms und seines Herrschers, so blieb doch Griechisch die Welt- und Handelssprache, in der sich Juden ebenso wie erste Christen mit größter Selbstverständlichkeit ausdrückten.

Erste Christen in Ostia Antica

Schon im Neuen Testament ist ausführlich belegt, daß Paulus und die anderen Apostel jüdischer Herkunft an ihren Reisestationen zuerst die Synagogen aufsuchten. Jesus selbst hatte die Synagoge als Ort der Verkündigung genutzt: In Nazareth (Lukas 4, 16–28) und in Kapernaum (Markus 1, 21–22) „lehrte er mit Vollmacht", aber auch andere Synagogen suchte er regelmäßig auf (Matthäus 4, 23; 9, 35). Die Apostel folgten also seinem Beispiel, wenn sie in Damaskus, Salamis, Antiochia, Ikonion, Thessaloniki, Beröa, Athen, Korinth und Ephesus – um nur die im Neuen Testament ausdrücklich genannten Orte zu nennen – zuerst stets die Synagogen als Orte der Evangeliumsverkündigung aufsuchten.

Für Ostia ist das nicht ausdrücklich bezeugt, darf aber aus allen anderen Präzedenzfällen abgeleitet werden. Daß erste christliche Reisende auf dem Weg nach Rom hier schon früh

Statue des Gottes Serapis mit dem typischen modius *(Getreidemaß) auf dem Kopf. Als Himmels-, Unterwelts- und Fruchtbarkeitsgottheit war er für die Christen eine allgegenwärtige Herausforderung.*

OSTIA ANTICA UND DIE WEGE NACH ROM

Christliche Basilika, Mitte des 4. Jahrhunderts.

Modell von mehrgeschossigen Wohnhäusern in Ostia Antica. In der Anfangszeit trafen die Christen sich auch in Ostia meist in solchen Häusern, häufig in den wegen ihrer großen Hitzeentwicklung und Feuergefährlichkeit bei anderen Bürgern unbeliebten Obergeschossen. Die Gefährlichkeit der Obergeschosse bezeugt auch Apostelgeschichte 20, 9: Hier fällt ein eingeschlafener Zuhörer des Paulus aus dem Fenster im dritten Stock.

eintrafen, ist eine Selbstverständlichkeit.

Nachweisbare Spuren christlicher Präsenz gibt es in Ostia erst seit der Zeit, in der sich Christen auch mit baulicher Tätigkeit öffentlich zeigen durften. So ist die christliche Basilika des frühen 4. Jahrhunderts gemessen an der Synagoge noch relativ bescheiden, obwohl sie bereits zweischiffig ist, ein eigenes Baptisterium hat und einen mit dem Christus-Monogramm und den Namen der vier Paradiesesflüsse ausgeschmückten Architrav besitzt. Eine indirekte Beziehung zur jüdischen Herkunft mag auch darin gesehen worden sein, daß man diese Basilika am gleichen *Decumanus maximus* errichtete, der durch die *Porta Marina* auch zur Synagoge führte, nur wenige hundert Meter von dieser entfernt.

Ostia ist auch der Schauplatz des ersten literarischen Werks der christlichen Literatur in lateinischer Sprache: Hier spielt der Dialog *Octavius* des Minucius Felix, um 165 n. Chr. von einem aus Nordafrika stammenden christlichen Rechtsanwalt verfaßt. Drei Freunde treffen sich zum Spaziergang am Strand von Ostia; einer von ihnen verneigt sich plötzlich vor einer Statue des Gottes Serapis (siehe Bild S. 15). Da merken die anderen beiden, daß er noch nicht Christ geworden ist, und ein noch heute geradezu spannend zu lesendes Streitgespräch beginnt, in dem die scharfe antichristliche Polemik einer nüchternen, sachlichen Widerlegung gegenübergestellt wird. Am Ende erkennt der Nichtchrist, daß er besiegt ist, zugleich aber auch selbst gesiegt hat – denn er hat seinen eigenen Unglauben überwunden. Die drei Freunde wissen, daß noch vieles zu erörtern bleibt. Sie nehmen sich das für einen anderen Tag vor und gehen gemeinsam den Strand von Ostia entlang in die Abenddämmerung.

So beginnt die christliche Literatur in lateinischer Sprache bereits mit einem kleinen Meisterwerk, das hier in Ostia angesiedelt ist, wo auch die Archäologie der letzten dreißig Jahre vieles zum Verständnis des Umfelds frühchristlicher Anfänge beigetragen hat.

KAPITEL I.2

Rom

Schon im Jahre 30 könnte der christliche Glaube nach Rom gekommen sein. Damals hatten Besucher aus Rom die Pfingstpredigt des Petrus in Jerusalem gehört. Wie überall im Reich, so konnten auch in Rom die Christen bis ins 4. Jahrhundert hinein keine öffentlichen Gottesdienststätten errichten. Sie trafen sich in Privathäusern. Da diese Räumlichkeiten nicht besonders gekennzeichnet wurden, ist es fast unmöglich, archäologische Sicherheit über solche Orte zu gewinnen. Einer von ihnen könnte das jüngst ausgegrabene Wohnhaus unter der Kirche San Lorenzo in Lucina gewesen sein.

Wandbemalung im Wohnhaus des 1. Jahrhunderts unter der Kirche San Lorenzo in Lucina, Rom.

Modell Roms zur konstantinischen Zeit: links unten der Tiber, rechts von der Mitte des linken Randes der Teil des Marsfeldes mit dem bereits verkleinerten Horologium des Augustus (deutlich sichtbar der Obelisk). Unterhalb der Mitte das Stadium Domitians, die heutige Piazza Navona.

Vorbereitungen

Das Rom des 1. Jahrhunderts n. Chr. war geprägt von der Bautätigkeit des Kaisers Gaius Iulius Caesar Octavianus, genannt Augustus. Als er im Jahre 14 n. Chr. starb, waren die Grenzen des Reiches so sicher wie nie zuvor, und es herrschte der nach ihm benannte römische Friede, die *Pax Augusta*. Sein Forum, der Friedensaltar (die *Ara Pacis*) und sein Mausoleum, aber auch Reste seiner Palastanlage auf dem Palatin sind spärliche Spuren einstiger Macht und Pracht. Für Christen bleibt Augustus stets gegenwärtig, da er jedes Jahr in der Weihnachtsgeschichte als der Kaiser genannt wird, unter dem Christus zur Welt kam. Sein Nachfolger, Tiberius, regierte bis 37 n. Chr. Unter ihm wurde Jesus gekreuzigt. Auch unter Tiberius war eine der Sehenswürdigkeiten Roms die von Augustus errichtete große Sonnenuhr, das *Horologium*, auf dem Marsfeld.

Im Winter 1979 stieß der Archäologe Edmund Buchner vom Deutschen Archäologischen Institut Rom nach sorgfältigen Berechnungen und einer ersten erfolglosen Grabung unter dem Haus Via di Campo Marzo 48 auf eindeutige Reste der Sonnenuhr, darunter einen Travertinblock der Monatslinie. 1980/81 wurden die Grabungen fortgesetzt, und man fand gut erhaltene Reste der über die Uhr des Augustus gelegten Sonnenuhr des Domitian.

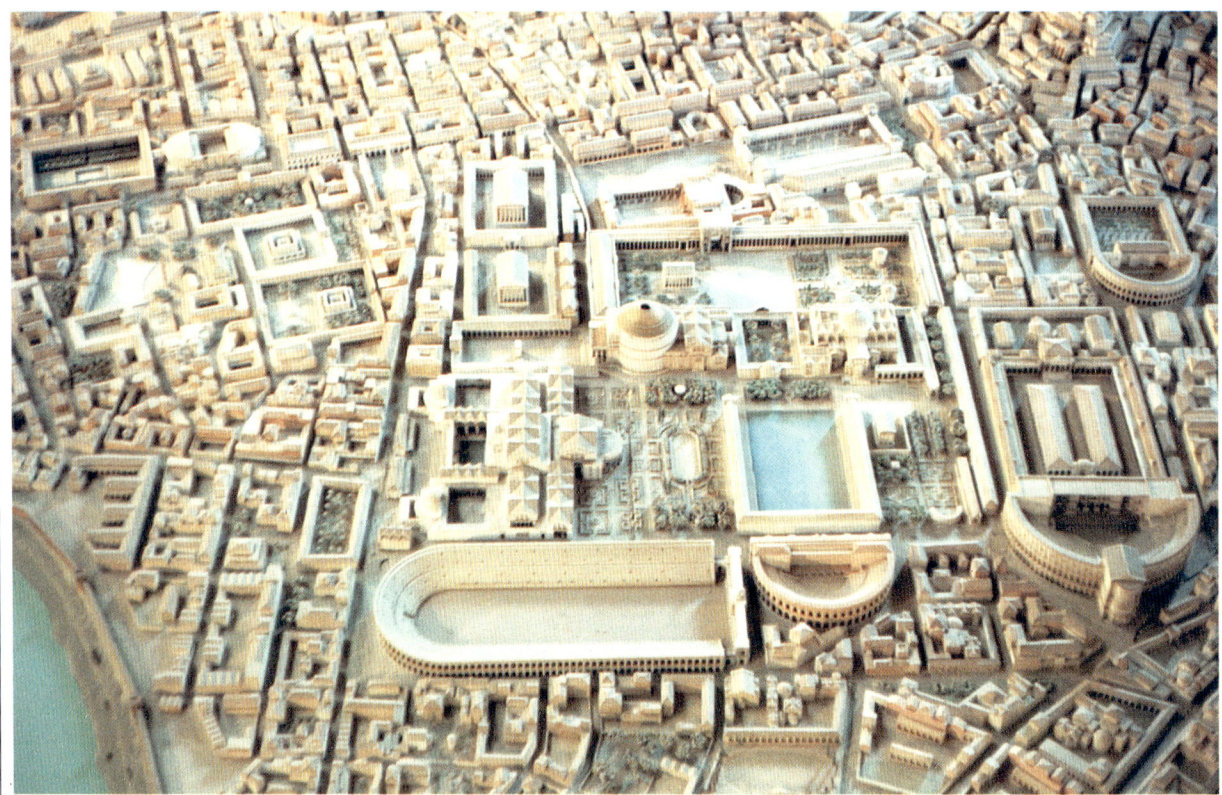

Das Horologium des Augustus war jahrzehntelang nachgegangen, da der Obelisk, der als „Zeiger" diente, sich geneigt hatte. Domitian regierte von 81 bis 96 n. Chr. und führte im Bereich des Marsfeldes zahlreiche Baumaßnahmen durch (darunter die Errichtung des *Stadium Domitiani*, der heutigen Piazza Navona, der Überlieferung nach Hinrichtungsstätte der Märtyrerin Agnes). Er korrigierte die Neigung des Obelisken und fügte Ergänzungen 1,60 m oberhalb der ursprünglichen Bodenfläche hinzu. Besonders eindrucksvoll ist ein jetzt auch öffentlich zugänglicher Teil: Sichtbar sind ein Liniennetz und hervorragend erhaltene Bronzebuchstaben, aus denen die Namen der Tierkreiszeichen gebildet wurden. Gefunden wurde auch eine Kalenderinschrift: ETĒSIAI PAUONTAI, die Etesien, d. h. die Sommerwinde der Ägäis, hören auf (siehe Abb. rechts). Dieser im Sommer 1980 gefundene Teil bestätigt nicht zuletzt die große Bedeutung griechischer geographischer und meteorologischer Begriffe, wie eben grundsätzlich auch der griechischen Sprache, im Rom des 1. Jahrhunderts. Es war die Sprache, in der auch die ersten Christen zu Hause waren und in der sie sich überall verständigen konnten, selbst wenn ihnen die „Muttersprache" der Römer, das Lateinische, nicht zur Verfügung stehen sollte.

Von der Sonnenuhr des Augustus sagt ihr Ausgräber, sie sei wohl die größte Uhr aller Zeiten gewesen. Das Liniennetz hatte eine Ost-West-Ausdehnung von 160 m und eine Nord-Süd-Ausdehnung von 75 m. Der Obelisk

selbst – der erste, der aus Ägypten nach Rom kam – ist erhalten geblieben und steht heute auf der Piazza Montecitorio. Die eigentliche Höhe betrug 21,79 m; dazu kamen der zweigestufte Sockel von 1,80 m, eine Basis mit Inschrift von 4,36 m und die Kugel. Im Schatten dieses gewaltigen Uhrzeigers, am nordwestlichen Rand des Linienbereichs, lag das Wohnhaus, in dem sich möglicherweise einige der ersten Christen Roms aufhielten (siehe Skizze S. 21).

Zu Hause bei Lucina?

Die missionarische Perspektive der ersten Christen legte eine praktische Strategie nahe: dorthin zu gehen, wo die Juden wohnten, zu denen nach wie vor die Mehrzahl der Christen gehörte, aber auch dorthin, wo das Volk sich auf den Straßen und Märkten traf. Trastevere, das Viertel auf der linken Tiberseite, und das gegenüberliegende Regola-Viertel waren solche Gegenden. Aber auch der *Campus Martius*, das Marsfeld, gehörte dazu. Im 2. Jahrhundert stand hier neben all den Prachtbauten des Augustus und seiner Nachfolger unter anderem die „Felicula", die größte Miets-

Unter dem Haus Via di Campo Marzo 48 gefundener Teil der Sonnenuhr: Die Kalenderinschrift ETĒSIAI PAUONTAI, „die Etesien (Sommerwinde der Ägäis) hören auf".

kaserne der Antike.

Doch auch schon im 1. Jahrhundert gab es hier mehrstöckige Wohnhäuser, *insulae,* vor allem östlich und nordöstlich von der Sonnenuhr des Augustus. Bei den Grabungen auf der Suche nach dieser Sonnenuhr stieß man auf erste Spuren im Bereich der Kirche San Lorenzo in Lucina. Diese mit Unterbrechungen noch immer andauernden Grabungen haben bisher Fresken (Abb. S. 20) und einen Mosaikfußboden (Abb. S. 21) zum Vorschein kommen lassen, dazu späteres Mauerwerk in der Bauweise des *opus reticulatum mixtum.* Die Indizien sprechen für eine Nutzung ab Anfang der sechziger Jahre des 1. Jahrhunderts n. Chr., und sie lassen annehmen, daß hier nicht nur (falls überhaupt) arme Leute wohnten. Für eine Nutzung, die über das reine Wohnen hinausging, sprechen schließlich Spuren eines Saalbaus, den die römische Archäologin Maria Bertoldi

Die freskenbemalte Wand des 1. Jahrhunderts n. Chr. unter der Kirche San Lorenzo in Lucina. Das rechte Bild zeigt eindrücklich die unterschiedlichen Bodenniveaus. Das Freskenhaus liegt rund 6 m unter dem heutigen Kirchenboden.

Schwarz-weißer Mosaikfußboden der insula *unter der Kirche San Lorenzo in Lucina, 2. Hälfte des 1. Jahrhunderts n. Chr. Links ein Kanalisationskanal im Satteldachstil* alla cappuccina. *Er wurde möglicherweise unter Trajan angelegt, als hier an Stelle einiger Wohnräume der erste Saalbau errichtet wurde.*

in die Zeit unmittelbar nach 98 n. Chr. datiert (d. h. in die frühe Regierungszeit Trajans), sowie ein bisher nur teilweise freigelegtes Behältnis, das zu verschiedenen Deutungsversuchen anregte (Abb. S. 22). Handelt es sich hier um ein Wasserbecken, das zum Kult der Göttin Juno gehörte, die als Geburtsgöttin *Lucina* auch ihren Beinamen der ganzen Stätte („in Lucina") gegeben haben könnte? Ist es ein Baptisterium, ein frühchristliches Taufbecken also, vielleicht sogar schon aus dem 2. Jahrhundert, wie Maria Bertoldi meint? Es hat Ähnlichkeiten mit dem Baptisterium, in dem Ambrosius in Mailand am 24. April 387 den großen Kirchenlehrer Augustinus taufte (Abb. S. 22). Ist es vielleicht nur ein runder Schöpfbrunnen mit Überlaufbecken, wie es Friedrich Rakob vom Deutschen Archäologischen Institut Rom vorschlug? Sollte es keinem kultischen Zweck gedient haben, dann dürfte es allerdings eher ein Wasserverteilungsbecken gewesen sein, wie man es in einem Wohnblock gut

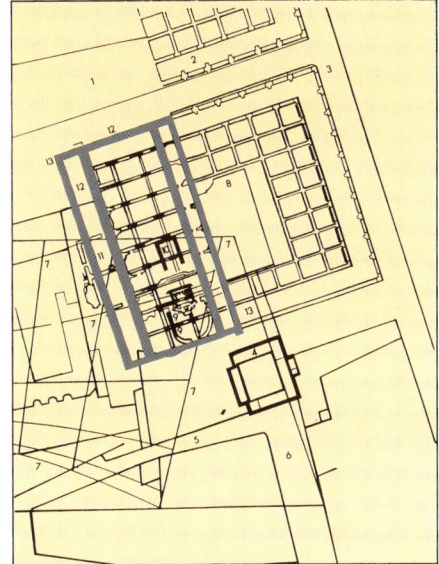

Skizze des Wohnhausblocks (insula) *im Bereich der heutigen Kirche San Lorenzo in Lucina. Links der östliche Teil des Liniennetzes der Sonnenuhr.*
1 *Piazza San Lorenzo in Lucina*
2 *Nördliche* insula
3 *Via Flaminia*
4 *Ara Pacis*
5 *Via in Lucina*
6 *Via del Giardino Theodoli*
7 *Östlich/nordöstlicher Teil des Liniennetzes der Sonnenuhr*
8 *Östliche* insula
9 *Haus des 1. Jahrhunderts*
10 *Haus des 1. Jahrhunderts (?)*
11 *Frühchristliches Baptisterium*
12 *Inneres graues Rechteck: Saalbau des späten 1. / frühen 2. Jahrhunderts.*
13 *Äußeres graues Rechteck: Erweiterungsbau des späten 2. / frühen 3. Jahrhunderts: Vorläuferbau der christlichen Basilika.*

gebrauchen konnte. Da dieses marmorverkleidete Behältnis auf einem Bodenniveau mit Erweiterungsmaßnahmen des 4. Jahrhunderts liegt, ist die christliche Interpretation am wahrscheinlichsten: Es dürfte sich hier um ein Taufbecken spätestens aus der frühkonstantinischen Zeit handeln. Fortführung und Abschluß der Grabungen könnten letzte Sicherheit geben.

Die hier skizzierten Meinungsverschiedenheiten sind charakte-

Mailand, Baptisterium San Giovanni in Fonte, 4. Jahrhundert (vor 387). Deutlich sichtbar in der Mitte der Wasserabflußkanal und links daneben der Zuflußkanal.

San Lorenzo in Lucina, Teil des unvollständig ausgegrabenen Wasserbehältnisses, wahrscheinlich eines Taufbeckens (Baptisterium) des frühen 4. Jahrhunderts. Sichtbar ist ein kleiner Wasserzuflußkanal.

ristisch für viele archäologische Funde nicht nur in Rom. Manches muß Hypothese bleiben. So ist auch noch umstritten, ob die Bodenfunde unter San Lorenzo in Lucina tatsächlich bis zur Mitte des 1. Jahrhunderts zurückgehen: Gegen die Meinung der Archäologin Maria Bertoldi steht die Auffassung des Archäologen Friedrich Rakob, der erst das frühe bis mittlere 2. Jahrhundert annimmt, die hadrianische Zeit (ab 117 n. Chr.), in der man die Nutzung des *Horologiums* aufgab und in diesem Bereich bauen konnte. Doch ist es einerseits nicht sicher, daß die Sonnenuhr überhaupt vor der konstantinischen Zeit aufgegeben wurde; und es läßt sich zeigen, daß schon früh im Einzugsbereich des Linienfeldes gebaut werden konnte: Selbst die *Ara Pacis* des Augustus befand sich innerhalb des *vollständig* ausgezogenen Linienfeldes.

Erste Christen auf dem Marsfeld, in der *insula* unter der heutigen Kirche San Lorenzo in Lucina, schon zur Zeit Neros (54 bis 68 n. Chr.)? Die Frage kann noch nicht endgültig beantwortet werden. Daß die römische Christenheit hier einen ihrer *Tituli* (nach Privatpersonen benannte früheste Versammlungsorte) hat, ihn auf eine Matrone namens Lucina zurückführt, hier den Wohnort des unter Kaiser Valerian (253 bis 260) hingerichteten Märtyrers Laurentius weiß und darauf verweisen kann, daß an diesem Ort, *„In Lucinis",* im Jahre 366 Papst Damasus gewählt wurde – all das jedenfalls ist durch die archäologischen Funde nicht widerlegt, sondern eher noch zusätzlich plausibel geworden. Ob, wie spätere Traditionen es wissen wollen, auch Paulus und Petrus hier wohnten – das ist eine ganz andere Frage.

KAPITEL I.3

Petrus und sein Kreis

„Wir wissen, daß Petrus unter Nero in Rom zu Tode kam – aber war er jemals dort?" So könnte man die alten und andauernden Kontroversen um manches Gebiet der frühchristlichen Geschichte karikieren. Tatsächlich aber gehört die Behauptung, daß man auf dem vatikanischen Hügel, unter der heutigen Peterskirche, das Grab des Apostels Petrus gefunden habe, zu den umstrittensten Thesen der christlichen Archäologie.

„Petros eni" – Petrus ist hier drin. Inschrift auf einem Stein, der 1942 nahe beim traditionellen Ort des Petrusgrabes gefunden wurde.

Santa Pudenziana, südöstliche Eingangsseite in der Via Urbana. Auffällig ist das tiefe Bodenniveau des Eingangs, das noch unverändert aus dem 4. Jahrhundert stammt.

Teil des Wohnhauses aus dem 1. vor- und nachchristlichen Jahrhundert, mit einem der Durchgangsrundbögen, die in den hinteren Wohnbereich führten. Die Schlieren auf dem Boden sind Spuren regelmäßiger Überflutungen durch den steigenden Grundwasserspiegel. Im 2. Jahrhundert war das für die Errichtung einer Badeanlage genutzt worden, die Thermen des Novatus und Timotheus, die man in der Tradition für Söhne des Pudens hielt.

Wo wohnte der Apostel?

Den Christen war in Rom kein Viertel verschlossen. Auch in den Wohngegenden der Oberschicht konnten sie sich aufhalten; denn schon sehr früh wurden überall im Reich hochrangige Persönlichkeiten gläubig: so etwa jene Exzellenz („*krátistos*") Theophilus, dem die beiden Bücher des Lukas, das Evangelium und die Apostelgeschichte, gewidmet sind, oder auch jener Erastos, der Stadtrentmeister („*oikonomos tēs poleōs*") von Korinth war (vgl. Römer 16,23).

Ähnliches dürfen wir für Rom selbst annehmen, auch wenn uns hier vergleichbar exakte Belege des 1. Jahrhunderts fehlen. Prisca, die von Paulus hochgeschätzte Frau des Aquila (Lukas gebraucht die Verkleinerungsform Priscilla), gehörte vielleicht zum alten römischen Adelsgeschlecht der *gens Prisca*. Vielleicht war sie aber auch nur eine Freigelassene, die wie üblich den Namen ihrer ehemaligen Herren tragen durfte. Die heutige römische Kirche Santa Prisca steht der Tradition zufolge über dem Haus des Ehepaars. Grabungen belegten in der Tat ein Wohnhaus des 1. Jahrhunderts in diesem Bereich des Aventin, der dem römischen Adel vorbehalten war. Das scheint für die hohe Herkunft der Prisca zu sprechen, die dann einen jüdischen Zeltmacher aus dem kleinasiatischen Pontus (Apostelgeschichte 18,2) geheiratet hätte und mit diesem zum Christentum konvertiert wäre. Archäologisch läßt sich das nicht beweisen. Auch weitere Grabungen würden kaum zusätzliche Sicherheit bringen können: mit Türschildern, Grundbucheintragungen oder Gästebüchern ist nicht zu rechnen. Ähnlich schwierig verhält es sich mit zwei hervorragend ausgegrabenen Wohnhäusern, die unmittelbar mit den Aufenthalten des Petrus in Rom in Verbindung gebracht werden: die Häuser unter den

heutigen Kirchen Santa Pudenziana (Abb. S. 24 links) und San Clemente (Abb. S. 25 oben). Im 1. Timotheusbrief 4,21 wird ein Römer namens Pudens erwähnt. Spätere römische Tradition sah in ihm einen Senator, der am vornehmen Vicus Patricius (der heutigen Via Urbana) ein Haus besaß, in dem er den Petrus beherbergte. Dieser habe die Töchter des Senators, Praxedis und Potentiana, getauft. Die heute dort stehende Kirche war nachweislich unter Papst Siricius (384–399) fertiggestellt.

Neun Meter tiefer liegt das große Privathaus, das im 1. Jahrhundert v. Chr. erbaut und Anfang des 2. Jahrhunderts zweistöckig ausgebaut wurde. Schon 1894 stieß man bei Grabungen auf dieses Wohnhaus mit insgesamt vier Galerien in Ziegelbauweise und Bogenöffnungen (siehe Abb. S. 24 rechts), die in mehrere Zimmer mündeten. Daß dieses Haus in neutestamentlicher Zeit bewohnt wurde, ist völlig eindeutig, und daß die Christen Roms hier bald nach der Legitimisierung des Christentums durch Konstantin prachtvoll bauten und unter anderem das bis heute eindrucksvollste Apsismosaik Roms anbrachten (Abb. S. 25 Mitte), ist ebenso evident und läßt auf die Bedeutung der Stätte in der Überlieferungskette schließen. Hätte man sich den doch vergleichsweise unbekannten Pudens, der nur in einem kurzen Gruß neben vielen anderen Namen bei Paulus vorkommt, für eine bloße legendäre Erfindung ausgesucht? Nur eines ist beim heutigen Kenntnisstand nicht möglich: den positiven *Beweis* zu

führen, daß hier tatsächlich der Senator Pudens den Apostel Petrus beherbergte. Die „pudentianische Kirche" („Pudenziana") ist Attribut und gehört zum Namen Pudens, nicht zu dem seiner Tochter Potentiana) hat dieses Problem mit allen frühchristlichen Kirchen gemeinsam, so auch mit der Kirche San Clemente im Tal zwischen den Hügeln Oppius und Caeliolus. Hier soll das Wohnhaus des

San Clemente, Raum des Palastes aus dem 1. Jahrhundert n. Chr. Deutlich sichtbar sind das Fischgrätenmuster des Bodens und der rautenförmige opus reticulatum-Stil der rechten Wand.

Vermutlicher Versammlungsraum im christlichen Haus des 1. und 2. Jahrhunderts. Im Hintergrund verläuft unter der schrägen Abdeckung ein Wasserkanal, ein umgeleiteter Teil der antiken Fossa Labicana.

Im Jahre 439 übergab Kaiserin Eudoxia zur Einweihung der Kirche San Pietro in Vincoli (St. Petrus in Ketten) Papst Sixtus III. die Ketten, die Petrus im Gefängnis Herodes Agrippas I. getragen hatte (vgl. Apostelgeschichte 12, 6–7). Die Echtheit dieses „archäologischen Fundes" konnte nicht nachgewiesen werden. Die Inschrift gibt den lateinischen Text von Apostelgeschichte 12, 11 wieder: „Misit Dominus angelum suum et eripuit me de manu Herodis" – Der Herr schickte seinen Engel und entriß mich der Hand des Herodes.

Klemens gestanden haben, der angeblich von Petrus selbst als Bischof Roms eingesetzt wurde, im Philipperbrief 4, 3 erwähnt wird und einen Brief, vielleicht sogar zwei, an die Korinther schrieb. Bereits im Jahre 1858 begannen hier Grabungen, die noch immer nicht abgeschlossen sind. Wichtig war vor allem die Untersuchung durch Louis Nolan, 1912–1914, der nachweisen konnte, daß hier schon vor dem großen Brand Roms 64 n. Chr. ein Privathaus stand, das nach dem Feuer restauriert und erweitert wurde. Da es sich um ein palastartiges Privathaus handelte, von dem zwei eindrucksvolle Räume seit den Grabungen O'Dalys (1936–1937) wieder sichtbar sind (Abb. S. 25), ist fraglich, ob ein einfacher Christ tatsächlich der Besitzer sein konnte. Wer aber war jener Klemens? Historiker haben vorgeschlagen, ihn als Verwandten des Konsuls Titus Flavius Clemens zu identifizieren, der im Jahre 95 von Domitian (dessen Vetter er war) wegen staatsgefährdender „atheistischer" (d. h. hier: christlicher) Aktivitäten hingerichtet wurde. So könnte der neutestamentliche Klemens durchaus im Hause seines wohlhabenden Verwandten gewohnt haben. Offenbar hat die früheste kirchliche Überlieferung von diesen Wohnverhältnissen gewußt: Die Kirche, die im 4. Jahrhundert exakt über diesen Räumen gebaut wurde, trug nicht den Namen eines Titulus „*Sancti* Clementi", also des heiligen Klemens, sondern schlicht nur „Clementi", ohne Attribut. Im 2. Jahrhundert wurden einige der Räume in ein

Details einer römischen Sarkophagplatte des späten 3. Jahrhunderts. Links Petrus und Jesus in der Verleugnungsszene, mit dem Hahn zu ihren Füßen (vgl. Lukas 24, 54–62 und Parallelen). Rechts die Abführung des Petrus zur Hinrichtung. Dieses Ereignis wird in der vorher abgeschlossenen Apostelgeschichte nicht mehr berichtet, entspricht aber auch in der Art der Darstellung einer Prophezeiung Jesu in Johannes 21, 18–19.

Mithraeum umgewandelt (siehe Abb. S. 25), unter Konstantin jedoch offenbar vor Beginn des Kirchenbaus den Christen zurückgegeben. Auch unter San Clemente stehen wir mit Sicherheit im 1. Jahrhundert in neutestamentlicher Zeit. Auch hier könnte Petrus mehr als einmal gewesen sein. Und auch hier läßt es sich nicht mit letzter Sicherheit beweisen. Die christlichen Versammlungsorte des 1. Jahrhunderts hatten keine festen Merkmale, die sie eindeutig als christlich gekennzeichnet hätten. Das „Kreuz von Herculaneum", jene kreuzförmige Einkerbung im Obergemach eines Hauses in der Stadt, die wie Pompeji im Jahre 79 n.Chr. durch den Vesuv-Ausbruch zerstört wurde, unterstreicht die Problematik: Obwohl die neuere Forschung für die christliche Deutung argumentiert, gibt es noch immer Skeptiker, die darin Befestigungsspuren z.B. eines Wandschranks sehen. Kreuze, so heißt es, seien von Christen im 1. Jahrhundert noch gar nicht benutzt worden. Was also geschähe, fände man unter Santa Pudenziana, San Clemente oder Santa Prisca doch noch eine Wand mit Kreuzesspuren? Nicht jeder würde das als Beweis gelten lassen – man „*weiß*" ja, daß ein Kreuz im 1. Jahrhundert noch nicht von Christen benutzt werden konnte...

Ketten, Knochen und Graffiti

Im Jahre 439 wurde in Rom die Kirche San Pietro in Vincoli, „St. Petrus in Ketten", geweiht. Aus diesem Anlaß hatte die Kaiserin Licinia Eudoxia, Gemahlin Kaiser Valentinians III., die aus Jerusalem herbeigeschafften „Ketten des Petrus" gestiftet, die hier noch heute in einem Tabernakel der Renaissancezeit gezeigt werden (Abb. S. 26). Die Inschrift verweist auf den ursprünglichen Hintergrund:

Durchblick auf das linke bzw. südliche Säulchen des Tropaions (Grabmemorie) des Petrus, von Süden her. Unten links ein Teil der sogenannten Mauer, die in rechtem Winkel zur Roten Mauer angefertigt wurde.

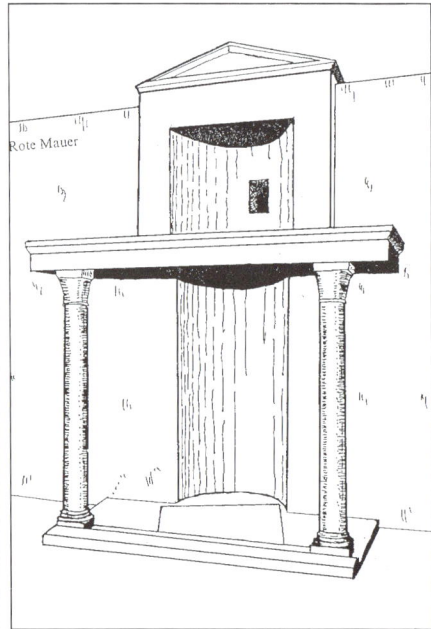

Modell des Tropaions zur Erbauungszeit zwischen 146 und 161. Auffällig ist die schrägliegende Verschlußplatte im Boden. Obwohl das Tropaion parallel zur Roten Mauer errichtet wurde, dokumentierten die Erbauer ihre Ehrfurcht vor der tatsächlichen Lage des Grabes durch die unsymmetrisch angelegte, abhebbare Bodenplatte.

„Misit Dominus angelus suum et eripuit me de manu Herodis" – Der Herr schickte seinen Engel und entriß mich der Hand des Herodes. So spricht Petrus in Apostelgeschichte 12, 11, nach seiner Befreiung aus dem Gefängnis Herodes Agrippas I. Dieses Ereignis kann auf den Beginn der Herrschaftszeit Agrippas datiert werden, Ende 41, Anfang 42 n. Chr. Die alte Kirchengeschichtsschreibung und auch ein Teil der neueren Forschung sind der Meinung, daß Petrus unmittelbar danach in Richtung Rom reiste (daß dies also der „andere Ort" von Apostelgeschichte 12, 17 ist), und daß er dort als erster uns namentlich bekannter Christ und Apostel im Jahre 42 n. Chr. eintraf. Wenige Jahre später, nach dem Tode Agrippas (44 n. Chr.), wäre er dann mit Zwischenaufenthalten zurück nach Jerusalem gereist; dort war er wieder im Jahre 48, um das sogenannte Apostelkonzil mit seiner großen Rede kompromißbereit zu machen (Apostelgeschichte 15, 7 – 11). Erst um 59 n. Chr., nach der Abfassung des Paulus-Briefes an die Römer, in dessen Grußliste er nicht genannt wird, wäre er dann ein zweites Mal nach Rom gereist und dort bis zu seinem Märtyrertod geblieben. Die Petrus-Ketten der Kaiserin Eudoxia, für deren Echtheit heute niemand mehr ernsthaft eintritt, hätten so zumindest den symbolischen Wert, an jenes Ereignis zu erinnern, in dessen Folge Petrus zum ersten Mal nach Rom kam.

Verschiedene Quellen belegen seit dem 2. Jahrhundert n. Chr., daß Petrus unter Nero gekreuzigt wurde – und zwar wohl erst im letzten Herrschaftsjahr, zwischen dem 13. Oktober 67 und dem Selbstmord des Kaisers am 9. Juni 68. Am Rande eines großen Gräberfeldes wurde er bestattet, unweit der neronischen Gärten (dem vermutlichen Hinrichtungsort) und vermutlich in einem einfachen, schmucklosen Erdgrab. Fraglos werden die stadtrömischen Christen die Erinnerung an den Ort sorgfältig bewahrt haben. Für die Zeit um 200 – d. h. lange vor der offiziellen Genehmigung des Christentums als Religion – ist dann literarisch die Existenz eines Grabmonumentes nachweisbar. Dieses nach dem Mann, der es erwähnt, oft „tropaion des Gaius" genannte Monument, wurde bei den archäologischen Grabungen der Jahre 1940 – 1949 wiedergefunden (südlicher Teil siehe Abb. S. 28, darunter Rekonstruktionsskizze). Aufgrund von Ziegelstempeln, die in diesem Bereich gefunden wurden, läßt sich der Bau datieren: zwischen 146 und 161 n. Chr. Es war eine Zeit, in der die Christen noch weit entfernt waren von der späteren staatlichen Machtposition, in der man ein Interesse daran hätte haben können, dem Apostel ein gesichertes, verehrungswürdiges Grabmonument auf der Grundlage irgendwelcher Legenden zu erfinden, nur um es vorweisen zu können. Die historische, literarische und archäologische Tradition ist hier über jeden Verdacht erhaben.

Eine unabhängige Bestätigung bietet die Inschrift auf einem Stein unmittelbar beim *tropaion*, an der sogenannten Roten Mauer: „Petros eni" steht dort in griechischer Sprache „Petrus ist hier drin" (Abb. S. 23). Aufschlußreich ist die Tatsache, daß die Inschrift offenbar nachträglich angebracht wurde: Die beiden Zeilen kippen nach unten, und es reichte der Platz nicht mehr, um statt des abgekürzten „eni" vollständig „enesti" zu schreiben.

Graffitiwand von ca. 257 bis 259 n. Chr. im christlichen Versammlungsraum unter der heutigen Kirche San Sebastiano ad Catacumbas. Besonders auffällig ist die große Inschrift „Paule ed (statt ‚et') Petre petite pro Victore", Paulus und Petrus, bittet für Victor. An anderer Stelle fand sich der Text „Petro et Paulo Tomius Coelius refrigerium feci" – Ich, Tomius Coelius, habe für Petrus und Paulus ein Gedächtnismahl gehalten.

Die älteste eindeutig gekennzeichnete Darstellung des Petrus. Die Inschrift rechts vom Kopf bietet den Namen erst lateinisch und dann in einem mißglückten griechischen Versuch. Da der Typus des Petruskopfes noch nicht auf die wiedererkennbare Einheitlichkeit festgelegt ist, den bereits die ersten Sarkophagdarstellungen bieten, dürfte diese rot ausgelegte Zeichnung in der Katakombe unter der Kirche Sant'Agnese fuori le Mura aus dem späten 2. Jahrhundert stammen.

Kopf einer Statue des Claudius, Mitte des 1. Jahrhunderts, gefunden am River Alde, Rendham bei Colchester, Suffolk. Unter Claudius (14. 1. 41 – 13. 10. 54) traf Petrus erstmals in Rom ein und wurden die jüdischen und judenchristlichen Anführer aus der Stadt vertrieben.

Statue des Nero, 2. Hälfte des 1. Jahrhunderts, gefunden in Baylham Mill bei Ipswich, Suffolk. Unter Nero (13. 10. 54 – 9. 6. 68) traf Petrus zum zweiten und Paulus zum ersten Mal in Rom ein, brannte Rom, fand die erste systematische Christenverfolgung statt und wurden Petrus und Paulus hingerichtet.

Wer auch immer die Inschrift anbrachte, mußte aus ungünstigem Winkel an die Rote Mauer reichen. Eine Erklärung dafür bot die römische Inschriftenexpertin und Archäologin Margherita Guarducci: In dem Hohlraum links von diesem Mauerstück befand sich ein Kasten mit den Gebeinen des Petrus. Die Inschrift wurde erst angebracht, als diese Gebeine in dem Hohlraum deponiert wurden. Der Kasten selbst war etwa 1942 unter mysteriösen Umständen ohne nähere Untersuchung in einen Abstellraum gebracht worden, wo ihn Frau Guarducci 1965 wiederfand. Die darin enthaltenen Gebeine wurden zwischen 1965 und 1968 sorgfältig untersucht. Es handelt sich um die Knochen eines untersetzten, kräftigen Endsechzigers aus neutestamentlicher Zeit. Petrus?

Petrus und Paulus

An der Via Appia befindet sich die Kirche San Sebastiano ad Catacumbas. Unter ihr wurde ein Versammlungsraum der Christen der ersten drei Jahrhunderte entdeckt. In die Wände sind zahlreiche Graffiti eingeritzt, darunter auch „Paule ed Petre petite pro Victore" – Paulus und Petrus, bittet für Victor (Abb. S. 29). Diese Inschrift dürfte aus der Zeit zwischen 257 und 259 stammen, als unter Kaiser Valerian die Christen verfolgt wurden. Valerian ließ vor allem die christlichen Friedhöfe schließen. Um einen Verlust der wertvollsten Reste zu vermeiden, wurden die Kopfknochen des Petrus und des Paulus – letztere aus der ursprünglichen Grablege an der Via Ostiense, unter der heutigen Kirche San Paolo fuori le Mura – an die Via Appia gebracht. In Erinnerung an diese vorübergehende Aufbewahrung ließ Kaiser Konstantin über dem christlichen Versammlungsraum den Vorgängerbau der heutigen Kirche errichten. Nach Ende der Verfolgung kamen die Kopfknochen offenbar nicht an ihren ursprünglichen Ort zurück: Obwohl es erst seit dem 11. Jahrhundert Belege dafür gibt, ist noch heute über dem Altar der Kirche San Giovanni in Laterano das Reliquiar mit diesen Knochen zu sehen. Und eine medizinisch-anthropologische Untersuchung ergab bereits 1965, daß keiner der „Petrus"-Knochen aus diesem Reliquiar von einem Körperteil stammt, den es auch unter den Knochen des vatikanischen Grabes gibt. Was auch immer man also von dem vielleicht etwas makabren Umgang mit Knochen halten mag – die wissenschaftlichen Analysen sprechen nicht gegen, sondern für die Richtigkeit der alten Traditionen.

Ob Petrus so aussah, wie es das älteste uns bekannteste Graffito-Porträt zeigt, das in den Katakomben von Sant'Agnese fuori le Mura entdeckt wurde und auf das späte 2. Jahrhundert datiert werden kann (Abb. S. 29), bleibt sicher Spekulation. *Daß* Petrus in Rom war, hier gekreuzigt und begraben wurde – *das* allerdings ist eine archäologisch und historisch abgesicherte Tatsache.

KAPITEL I.4

LYON UND SEINE MÄRTYRER

Nicht nur in Rom wurde die Geschichte des frühen Chistentums wesentlich von den Märtyrern geprägt. Auch nördlich der Alpen gibt es gut dokumentierte Beispiele. Zwei der ersten christlichen Zentren in Gallien waren Lyon und das benachbarte Vienne. Am 18. Dezember 1956 wurde das Amphitheater von Lyon wiederentdeckt – der Ort des Martyriums von Christen beider Städte im Jahre 177.

Arena des Amphitheaters „der drei Gallien" in Lyon.

Ein strategisches Zentrum

Keiner der Apostel ist, soweit wir wissen, im Zuge der Missionsreisen bis nördlich der Alpen gelangt. Paulus hatte sich den Westen vorgenommen, und es gibt gute Gründe und zahlreiche Hinweise für die Annahme, daß er von Rom aus tatsächlich dorthin gekommen ist. Anders als Spanien, eines der reichsten und kulturell ebenso wie wissenschaftlich fruchtbarsten Gebiete des Römischen Reiches, aus dem Kaiser und Philosophen wie der Zeitgenosse Seneca kamen, galt der Norden lange als schwieriges Brachland. Dennoch liegt die Vermutung nahe, daß Händler und Geschäftsleute aus Gallien und anderen nördlichen Provinzen schon sehr früh in Rom mit dem christlichen Glauben in Berührung kamen, ja, daß die Christen – im Sinne des Missionsauftrags – ihrerseits gerade solche Kontakte aktiv suchten. Lyon lag strategisch günstig im Schnittpunkt wichtiger Handelsstraßen und am Zusammenfluß von Rhône und Saône. Christliche Einflüsse konnten hier strategisch gebündelt und in andere Landesteile weitergeleitet werden. So lag es sicher bald im Blickpunkt der Christen in südlichen Mittelmeer- und Rhône-Städten wie Marseille *(Massalia)* und Arles *(Arelate)*, die mit Rom eng verbunden waren und deren griechisch-römische Zweisprachigkeit die Aufnahme der griechischen Evangelienverkündigung früh begünstigt hatte. Neben verschiedenen Legenden über namentlich genannte Christen des 1. Jahrhunderts im südlichen Gallien ist eine Möglichkeit sogar handschriftlich

Ausdehnung des Römischen Reiches vom 3. Jahrhundert v. Chr. bis zur Mitte des 2. Jahrhunderts n. Chr.

Römisches Straßenpflaster in Lyon. Einer der bedeutendsten Handelswege des römischen Reiches verlief zwischen der östlichen Provinz Asia (vgl. 1. Petrus 1,1) mit den großen Zentren Pergamon, Sardes, Smyrna, Ephesus, Milet, Kolossä und Hierapolis über Marseille und seinen Mittelmeerhafen das Rhône-Tal hinauf bis nach Vienne und Lyon.

überliefert: Unsere heutigen Bibelübersetzungen haben in 2. Timotheus 4,10 den Paulus-Schüler Kreszens, der nach *Galatien* geht. Einige Textzeugen, darunter die großen Kodizes *Sinaiticus* und *Ephraemi Rescriptus* aus dem 4. bzw. 5. Jahrhundert, der Kirchenhistoriker Euseb (ca. 263–339) sowie Autoren wie Epiphanius von Salamis (ca. 315–403) und Theodoret von Cyrus (ca. 393–466), lesen hier jedoch *Gallien* – eine Lesart, der sich noch 1872 der Entdecker des Kodex Sinaiticus, Constantin v. Tischendorf, anschloß. Daß diese Lesart heute keineswegs völlig abwegig ist, dokumentiert die französischsprachige „Traduction Oecuménique de la Bible" (TOB) von 1975: In einer Anmerkung zu 2. Timotheus 4,10 wird in dieser sprachlich sehr sorgfältigen Bibelübersetzung die Bedeutung *Gallien* als philologisch korrekt unterstrichen. Archäologisch oder aus anderen Quellen läßt sich das weder bestätigen noch widerlegen. Zweifelsfrei jedenfalls ist die Existenz einer großen christlichen Gemeinde in Lyon, *Lug(u)dunum*, vor dem Jahr 177, denn in diesem Jahr fand eine gut organisierte und ebenso gut dokumentierte Verfolgungs-, Folterungs- und Ermordungsaktion gegen die Christen von Vienne und Lyon statt.

Das zwischen Dezember 1956 und Januar 1958 wieder ausgegrabene Amphitheater von Lyon. Der Holzpfosten vorn links steht in Erinnerung an den Pfahl, an dem Blandina einen Teil ihres Martyriums erlitt (Euseb, Kirchengeschichte 5, 1, 41).

Ein authentischer Ort

Bei manchen Märtyriumsstätten weiß man nicht mehr ganz genau, ob dort tatsächlich so gründlich und grausam gemordet wurde, wie es die Tradition behauptet. Das Amphitheater von Lyon ist über diese Zweifel erhaben. Der zeitgenössische Bericht, von einem überlebenden Augenzeugen unmittelbar nach dem Ereignis zur Weiterleitung an die Gemeinden in den Provinzen Asia und Phrygia verfaßt, nennt den Ort und die Namen der Christen: Maturus, Sanctus, Blandina, Biblis, Attalus, Alexander, Pontikus, Vettius Epagathus, Alkibiades, dazu zahlreiche andere, die ungenannt bleiben. Wiederum andere waren auf dem Forum oder im Gerichtssaal zu Tode gebracht oder so schwer gefoltert worden, daß sie im Gefängnis starben, darunter der Bischof von Lyon und Vienne, Photinus. Bereits viele der Namen verweisen auf eine internationale Herkunft der Christen beider Städte, mit Griechisch (statt des regionalen Keltisch oder des römischen Lateins) als gemeinsamer Sprache. Griechisch ist auch der Martyriumsbericht abgefaßt, und griechisch schrieb Irenaeus, der Nachfolger des Photinus als Bischof, der den

Detail der am 11. 1. 1958 gefundenen Stifterinschrift des Amphitheaters von Lyon. Deutlich sichtbar in der ersten Zeile die Buchstaben AMPHITHEATR. *Es wurde im Jahre 19 n. Chr. errichtet und dem Kaiser Tiberius geweiht.*

Verfolgungsmaßnahmen entgangen war. Doch dieser Irenaeus war ein „Ausländer" – er kam aus Smyrna in Kleinasien. So waren die Christen nicht nur wegen ihrer Religion, sondern auch wegen der Herkunft einiger ihrer führenden Persönlichkeiten ein Fremdkörper. Nur von einem einzigen der Christen wird ausdrücklich hervorgehoben, daß er lateinisch sprach: Sanctus. Aber außer „Christianus sum" (Ich bin Christ) sagte er nichts und nannte seinen Folterern weder seinen Namen noch seinen Herkunftsort. So ist selbst „Sanctus" möglicherweise nicht einmal der Name, sondern nur ein Ehrentitel („der Heilige").

Klar ist, daß die Verfolgung nicht aufgrund eines offiziellen Erlasses, sondern als Aktion des Pöbels ausbrach und dann schnell eine gewisse „Eigenmotorik" gewann, ehe sie am Fest der „Drei Gallien" *(Tres Galliae)*, dem 1. August, ihren Höhepunkt im Amphitheater erreichte. Obwohl das Christentum als unrechtmäßige Religion galt, wurden seit Trajans Direktive an Plinius aus dem Jahre 111 Christen von Staats wegen nicht eigens aufgespürt. In Lyon setzte man sich darüber hinweg; erst wurden die Christen systematisch gejagt, dann warf man ihnen Kindermord, Kannibalismus und Inzest vor. Der römische Legat, der zu Beginn der Verfolgung nicht in Lyon gewesen war, widersetzte sich dem „Volkswillen" nicht. Hatte man die Christen erst einmal vor Gericht, reichten ja auch das Glaubensbekenntnis und die Weigerung, zu widerrufen, um eine Verurteilung auszusprechen. Dies wurde ihm auch noch einmal ausdrücklich von Kaiser Marc Aurel bestätigt, an den er sich um Rat gewandt hatte. Römische Bürger sollten nach dem Gesetz durch das Schwert hingerichtet werden (das kümmerte die Leute in Lyon allerdings wenig, denn den Römer Attalus warfen sie im Amphitheater den Tieren vor), alle anderen, die den Glauben nicht verleugneten, sollten den wilden Tieren ausgeliefert werden. Das kam dem Legaten und dem Mob entgegen, denn zum alljährlichen großen Fest am 1. August gehörten Gladiatorenkämpfe im Amphitheater.

Aushöhlung in der Krypta des Hôpital de l'Antiquaille, der Überlieferung nach das Gefängnis des Märtyrerbischofs Photinus.

LYON UND SEINE MÄRTYRER

Das Theater von Lyon, 1933 wiederentdeckt und ausgegraben. Vermutlich hier hat der im Jahre 10 v. Chr. in Lyon geborene Kaiser Claudius (Abb. S. 30) 43 n. Chr. eine Rede gehalten, die auf einer in Lyon-Fourvière gefundenen, stark beschädigten Bronzetafel dokumentiert ist.

So konnten nun die Christen anstelle der teuren Gladiatoren den Tieren gegenübergestellt werden.

Euseb, der in seiner *Kirchengeschichte* (5, 1,3–4,2) den Briefbericht überliefert, läßt später (5, 5, 8) anklingen, daß diese Verfolgung für Lyon und Vienne eine Ausnahme blieb: Im Jahr darauf kann der Presbyter Irenaeus, der den Brief überbracht hatte, in Lyon ungehindert das Bischofsamt als Nachfolger des Photinus antreten, seine Hauptwerke verfassen und Depeschen mit kirchenrechtlichen Stellungnahmen nach Rom überbringen lassen.

Die Ausgrabungen

Das Amphitheater von Lyon war im Jahre 19 n. Chr. errichtet und Kaiser Tiberius gewidmet worden. Man hatte sich dafür den Hügel *Condate* (heute *Croix-Rousse*) gegenüber dem Fourvière-Hügel ausgesucht, wo,

Theater von Lyon, Detail: Blick von der Bühne in Richtung Zuschauerränge.

wie Grabungen des Jahres 1974 erwiesen, seit dem 1. Jahrhundert v. Chr. ein Wohnviertel existierte. Dort wurden 1933 auch ein ungewöhnlich prachtvolles Theater (Abb. S. 36) und ein Odeon entdeckt. Am 13. Dezember 1956 begannen die Grabungen in dem Bereich, in dem man das Amphitheater vermutete. Am 18. Dezember wurden erste Teile der Arena und des Podiums entdeckt. Trotz mehrerer Wassereinbrüche konnten die Grabungen fortgesetzt werden, bis schließlich am 11. Januar 1958 ein Arbeiter die nur wenig beschädigte große Steintafel entdeckte, deren 25 cm große Buchstaben die letzte Bestätigung für die Richtigkeit der Identifizierung erbrachten (Abb. S. 35): auf dieser Einweihungsinschrift wird der Bau eindeutig als *Amphitheatrum* bezeichnet.

Auch in Lyon waren spätere Christen nicht gegen die Versuchung gefeit, sich weniger gut dokumentierte Stätten für ihre Märtyrerverehrung zu suchen. So zeigt man in der Krypta des „Hôpital de l'Antiquaille", das auf den Resten mehrerer römischer Bauten errichtet wurde, eine enge, dunkle Aushöhlung, die – der Beschreibung im Märtyrerbrief entsprechend – als Gefängnis und Todesort des Photinus gilt (Abb. S. 35). Anders als im Falle des Amphitheaters ist ein Beweis hier nicht möglich. Für Lyon aber gilt, daß in der Verbindung von zeitgenössischem Bericht und archäologischer Entdeckung die erste zweifelsfrei gesicherte Existenz einer umfangreichen, hierarchisch organisierten und überaus mutigen Gemeinde nördlich der Alpen nachgewiesen werden kann.

KAPITEL I.5

Ein frühes Verwaltungszentrum: Trier

Irenaeus erwähnt christliche Gemeinden in den germanischen Provinzen. Er nennt keine Ortsnamen, gebraucht aber den Ausdruck *ekklēsíai* (Kirchen) und läßt damit auf organisierte Ortsgemeinden schließen (*Adversus haereses* 1, 10, 2; verfaßt ca. 180 n.Chr.). Es ist naheliegend, dabei auch an Trier zu denken. Zu diesem Zeitpunkt war Trier Amtssitz des römischen Prokurators „der belgischen und beider germanischen Provinzen". Rund hundert Jahre später, 293, wurde es Cäsaren-Residenz des römischen Westreichs. Der sogenannte Albana-Sarkophag, 1965 ausgegraben, dokumentiert die Existenz Trierer Christen im 3. Jahrhundert.

Albana-Sarkophag, ca. 270 n.Chr., Trier, Krypta bei St. Matthias.

Ein Prachttor fast in alter Form

Aus der Zeit der ersten Christen Triers, auf die jene allgemeine Bemerkung des Irenaeus von ca. 180 n. Chr. hindeutet, stammt die *Porta Nigra*. Sie war das Nordtor des *Decumanus maximus*, der Nordsüdachse jeder römischen Stadt. (Abb. unten): links die nach Süden gewandte Innenstadtseite, rechts die nach Norden gerichtete Außenseite. Mit einer ursprünglichen Länge von 36 m, einer Höhe von 29,33 m und einer maximalen Tiefe von 21,50 m ist sie das größte und zugleich das heute am besten erhaltene Stadtbefestigungstor der Antike. Rundbogenfenster und halbkreisförmig vorragende Türme, die den toten Winkel überbrückten, machten es zu einer lückenlos nutzbaren Befestigungsanlage. Gleichzeitig wurden die Wehrmaßnahmen so kunstvoll ausgestaltet, daß dieses Tor auch als Repräsentativbau gedient haben dürfte, um Besucher aus dem Norden zu beeindrucken. Seinen Namen „schwarzes (*nigra*) Tor" erhielt die Anlage erst spät, als die Steine durch städtischen Heizungsruß und Witterungseinflüsse eine schwärzliche Färbung

Porta Nigra, Südseite. Rechts die ca. 1150 angebaute romanische Apsis.

EIN FRÜHES VERWALTUNGSZENTRUM: TRIER

annahmen. Seit dem 8. Jahrhundert wurden zu anderweitiger Verwendung zahlreiche der über 2 kg schweren Eisenklammern und einzelne Steine herausgeholt. Im Laufe der Zeit wäre so das ganze Tor auseinandergenommen und abgetragen worden, wenn nicht der Trierer Erzbischof Poppo dem griechischen Einsiedler Simeon im Jahre 1028 das Erdgeschoß des Ostturms als Wohnraum zur Verfügung gestellt hätte. Simeon starb 1035; zwölf Jahre später wurde er heiliggesprochen, und Poppo machte zu seinem Gedächtnis aus der Porta Nigra eine Doppelkirche. Als Trier Anfang des 19. Jahrhunderts unter napoleonische Herrschaft geriet, verschonte die Säkularisierung auch die Doppelkirche nicht: Die Marienkirche im Untergeschoß und das Simeonstift im Obergeschoß wurden aufgelöst, und Napoleon befahl das Abschlagen aller nachrömischen Anbauten. Als Trier in preußische Verwaltung kam, wurden diese Arbeiten mit dem Ziel der Wiedergewinnung des antiken Originals bis 1876 fortgeführt; die um 1150 angebaute romanische Chorapsis ließ man allerdings als bedeutendes Zeugnis lothringischer Architektur des 12. Jahrhunderts stehen.

Porta Nigra, Nordseite.

EIN FRÜHES VERWALTUNGSZENTRUM: TRIER

Die römische Landvilla von Wittlich, rund 30 km nordöstlich von Trier. Sichtbar ist der nach der Ausgrabung modern überdachte Mitteltrakt mit dem Rundbogen des Eingangs zu einem der Vorratsräume. Unten rechts im Bild der Fluß Lieser.

Detail: Eingang zum Vorratsraum.

Vornehme Römer, vornehme Christen

Die Bedeutung Triers für das Römische Reich war bereits von Kaiser Augustus erkannt worden. Er hatte schon 13 v. Chr. den systematischen Ausbau der Stadt veranlaßt. Der römische Name Triers, *Augusta Treverorum*, ist auf diese Phase zurückzuführen. Das Straßennetz bot ideale Verbindungen in alle Richtungen – von und nach Köln, Mainz, Koblenz, Lyon, Vienne, Paris, Reims – und natürlich auch nach Rom. Claudius, der in Lyon geborene Kaiser, baute die Stadt rechtwinklig aus und verlieh ihr den Ehrentitel einer *Colonia*. Schon zu dieser Zeit, also zur Frühzeit des Christentums, waren hier Reichtum und Prachtentfaltung etwas Alltägliches geworden. Die Maßnahme Diokletians, der Trier vor 96 n. Chr. zum Verwaltungssitz und zur Hauptstadt *provinciarum Belgicarum et duarum Germaniarum*, d. h. zum Sitz des Prokurators der belgischen Provinzen und beider germanischen Provinzen machte, besiegelte nur eine konsequente Entwicklung. Aus der Zeit der ersten Blüte Triers – bis zum katastrophalen Einfall der Alamannen im Jahre 275 – stammen beeindruckende Spuren nichtchristlichen und christlichen Lebens in der Stadt und ihrer Umgebung. Dazu gehört die *Villa von Wittlich*, die heute nahe bei einer Autobahnbrücke versteckt ist und damit zwar einerseits die verkehrsgünstige Lage dieser Gegend bestätigt, andererseits aber weitere Grabungen kaum erwarten läßt. Bei den zwischen 1939 und 1949 durchgeführten Ausgrabungen wurden am Nordosthang des Flüßchens Lieser Reste dieses 140 m langen und maximal 28 m breiten Gutshofes entdeckt. Gut sichtbar und modern überdacht ist der Mittelbau (siehe Abb. oben links); gut freigelegt wurde auch der Eingang zu einem Vorratsraum (S. 42 unten links), dessen Vermauerungstechnik in das frühe 2. Jahrhundert weist. Der große, luxuriöse Bau wurde noch bis ins 4. Jahrhundert bewohnt. Es fällt nicht schwer, sich in solcher Umgebung auch die Szene des Trierer „Elternpaarpfeilers" aus dem 3. Jahrhundert vorzustellen (Abb. rechts): Die hier gezeigte „Toilettenszene" spiegelt den Lebensstil der politischen und handeltreibenden Elite wider. Und es scheint, daß auch die erste mit Sicherheit namentlich bekannte Christin Triers, Albana, der Elite dieser Zeit angehörte.

Außerhalb der Stadtmauern lag an der Straße nach *Divodurum* (dem heutigen Metz) eine großflächige Villa, die bereits im 2. Jahrhundert erbaut wurde. Kunstvoll ausgeführte Wandmalereien und große Repräsentationsräume – darunter ein 17 m langer und 7,5 m breiter Saal – unterstrichen den Wohlstand der Besitzer. Doch die eigentlich sensationelle Entdeckung machte der Archäologe Kutzbach 1923: Nachdem feststand, daß der in Mauerresten gesicherte große Saal nachträglich an die Südostecke eines anderen Saals angebaut worden war und im Mittelteil eine Treppe nach unten besaß, konnte hier eine 6,7 x 5,8 m große Krypta entdeckt werden. Schon Kutzbach hatte in dieser fast vollständig zugeschütteten Krypta einen Sarkophag gesehen, doch erst 42 Jahre später, 1965/66, konnte er endlich vollständig freigelegt werden. Die eigentümliche Bauweise des Ganzen – oben der einschiffige, basilikaartige Saal mit nach Osten gerichteter Apsis, darunter die unmittelbar zugängliche Krypta – ließen auf die private Begräbnisstätte einer wohlhabenden christlichen Familie schließen. Bautyp der Räume und Mauerungsart der Krypta wiesen ferner darauf hin, daß dieser besondere Begräbnisort vor 270, das heißt noch rund 40 Jahre vor der „Sanktionierung" des Christentums als legale Religion im Römischen Reich erbaut und benutzt worden war. So viel konnte schon deutlich sein, ehe der Sarkophag selbst vollständig freigelegt wurde (Abb. S. 44). Als die Grabungen 1966 abgeschlossen waren und der Trierer Archäologe Heinz Cüppers drei Jahre später seinen Bericht vor-

Sogenannter „Elternpaarpfeiler", Neumagen (Noviomagus) bei Trier, 3. Jahrhundert n. Chr. Dargestellt ist die Morgentoilette einer vornehmen Dame. Vier Dienstmädchen bedienen die in einem typischen Wohnzimmerkorbstuhl Sitzende; eine legt ihr Haar, eine andere hält den Spiegel, rechts am Rand steht eine mit dem Hautpflegeölkrug bereit.

Nordseite des Albana-Sarkophags (Deckel). Das Ehepaar im Rechteck: Der Mann ist zum Zeitpunkt der Darstellung verstorben.

Albana-Sarkophag, Westseite mit Rhomben und Blütenrosetten; darüber das Totenmahlrelief mit dem von zwei Dienern umsorgten Ehepaar, das bei Fisch und Brot zu Tisch sitzt. Um 270 n. Chr.

legte, zeigte sich, wie ungewöhnlich und bedeutend dieser Fund tatsächlich ist.

Der Sarkophag der *villa suburbana* von Trier war fast unbeschädigt erhalten und ungeöffnet. Im Inneren fand man Knochen, die sich nach einer genauen Untersuchung als die Gebeine eines Mannes und einer Frau herausstellten; der kräftige Mann war zuerst bestattet worden, die auffallend zart gebaute Frau hatte ihn um mehrere Jahre überlebt. Dieses Ereignis wurde durch die Bildinformationen auf dem Äußeren des Sarkophags bestätigt. Auf der Nordseite sind in einem quadratischen Relief die Büsten eines Mannes und einer Frau zu sehen (Abb. rechts oben). Die Quadratur zeigt symbolisch an, daß mindestens einer der beiden noch lebte; da das Porträt des Mannes nur in Konturen ausgearbeitet ist, die Frau dagegen sorgfältig detailliert gezeigt wird, dürfte der Mann als bereits verstorben dargestellt sein. Auf der gegenüberliegenden Seite findet sich das Doppelporträt dann vor rundem Hintergrund (Abb. S. 45 unten). Nun ist auch die Frau verstorben; im Tod vereint blicken sie sich an. Das Diadem im Haar der Frau ist noch einmal ein abschließender Hinweis auf ihren Wohlstand. Die Westgiebelseite zeigt eine Totenmahlsszene (Abb. links). Links und rechts bringen Diener Speisen heran und bereiten sie zu. Das Ehepaar sitzt an einem Tisch, auf dem sich, rot umrandet, eine Platte mit Fisch und Brot befindet – christliche, aber auch für Nichtchristen akzeptable Symbolik. Hier wird eine sorgfältige Balance gehalten, denn allem Anschein nach war der Mann noch kein gläubiger Christ – vielleicht ist es auch die Witwe erst nach seinem Tod geworden. Der Sarkophag enthält jedenfalls Hinweise auf vorchristliche Zeichen. So sieht man Putten mit Flügeln – eindeutig griechisch-römischer Herkunft, denn Engel werden in der ausdrücklich christlichen Kunst erst seit dem 8. Jahrhundert mit Flügeln gezeigt. Die Delphine der Südseite dagegen lassen sich auch anderweitig seit der Mitte

des 3. Jahrhunderts in zweifelsfrei christlichem Kontext nachweisen. Beide, Putten und Delphine, gehören jedoch in einen „heidnischen" Kulturraum. Daß der Ehemann hierin zu Hause war, könnte durchaus mit seiner beruflichen Stellung in Einklang stehen: Auf der Giebelseite, die dem Totenmahlrelief gegenüberliegt, wird er als Reiter zu Pferde gezeigt, von zwei Dienern begleitet. Die Szene und die weiße Ausmalung des Pferdes lassen einen Angehörigen des Ritterstandes vermuten, der ein öffentliches Amt bekleidet haben dürfte. Aufgrund der handwerklichen Ausführung konnte der Sarkophag der moselländischen Bildhauerschule um 270 n. Chr. zugewiesen werden. Das war rund zehn Jahre nach der Christenverfolgung Valerians und rund zwanzig Jahre nach dem systematischen Ausrottungsversuch durch Decius. Es ist kaum vorstellbar, daß zu dieser Zeit ein dezidierter Christ eine hochrangige gesellschaftliche, politische Stellung einnehmen konnte. Erst unmittelbar nach dem Tod des Ehemannes, mit dem Regierungsantritt Kaiser Aurelians, begann 270 eine Ruhezeit, die bis zur Verfolgung unter Diokletian (303–311) anhielt. Hierhin paßt denn auch, was kirchliche Tradition über die Frau sagt, deren Sarkophag hier wohl gefunden wurde: Albana – so ihr überlieferter Name – beherbergte in ihrem Haus die beiden Missionsbischöfe Eucharius und Valerius und schenkte der Trierer Christengemeinde Vermögen und vor allem Grundbesitz für ein großangelegtes Gräberfeld, über dem noch heute die Abteikirche von St. Matthias steht. Bis zur Zeit Justinians I., im 6. Jahrhundert, wurden hier über *5000* Sarkophage aufgestellt.

Südseite des Albana-Sarkophags (Deckel). Das Ehepaar im Kreisschild: Zum Zeitpunkt der Darstellung sind beide verstorben.

Die Symbolik von Brot und Fisch ist von Anfang an christlich benutzt worden – so zeigt es auch die Darstellung auf

einem Fresko des 2. Jahrhunderts n. Chr., das in der Calixtus-Katakombe (Rom) gefunden wurde. Brot und Fisch erinnern an die Speisungen der 5000 und 4000, aber auch an das Mahl, das der auferstandene Christus den Jüngern am See Tiberias bereitet (Johannes 21, 13). Es gibt andere Motive, bei denen die christliche Bedeutung gelegentlich bezweifelt wird. Kann z. B. der „Gute Hirte" immer christlich gedeutet werden, in Anlehnung an Psalm 23, zahlreiche andere alttestamentliche Stellen, und die eindeutige Inanspruchnahme des Hirtensymbols durch die ältesten christlichen Texte? Zweifellos hat es schon in Ägypten, später auch in Mesopotamien und Griechenland, Hirtendarstellungen gegeben, im griechisch-römischen Kulturraum auch mit einem Lamm oder Kalb auf den Schultern. Wie also entscheiden, ob eine Darstellung aus nachneutestamentlicher Zeit bereits christlich geprägt ist, unmittelbar abgeleitet von Johannes 10, 11 („Ich bin der gute Hirte. Der gute Hirte läßt sein Leben für die Schafe")? Ein Beispiel für die Problematik bietet der Grabstein der Amme Severina, der bei der Kölner Kirche St. Severin gefunden wurde und – zeitgleich mit dem Albana-Sarkophag – auf die zweite Hälfte des 3. Jahrhunderts datiert werden kann. Die Vorderansicht zeigt den Guten Hirten, und über ihm die neutrale Inschrift *Memoriae* („Für die Erinnerung"). Die Seitenansichten zeigen Severina, wie sie ein Kind stillt und wie sie es bettet, darüber jeweils die Inschrift *Severina nutrix*, „Die Amme Severina". Verstorben ist jedoch allem Anschein nach nicht die Amme – obwohl nur ihr Name genannt wird –, sondern das Kind, noch als Säugling: Wie ein junger Mann wird es im *clipeus*, dem Rundschild, das den Toten bezeichnet, darge-

stellt. Man mag auch in dieser ungewöhnlichen Liebe der Amme zu ihrem Säugling einen Hinweis auf den christlichen Glauben der Stifterin sehen. Gerade im rheinischen Raum waren selbst schlichte Grabsteine für Kinder sehr selten; ein solches Gedenkmonument ist einzig. Subtil

wird auch hier, durch den Verzicht auf eine eindeutig heidnische Inschrift (z. B. *DM* = *Dis Manibus*, „Den Totengeistern") oder einen eindeutig christlichen Text niemandes Gefühl verletzt. Waren die Eltern noch ungläubig, so konnten sie weder in den Worten noch am Bild des Guten Hirten etwas Anstößiges finden; gab es – neben der Amme – in der Familie auch Christen, so fanden sie hier genug, um den Herrn, der die Kinder zu sich kommen ließ, zu erkennen.

KAPITEL I.6

Eine fromme Flotte: Köln und Bonn

Schon zu römischer Zeit war der Rhein eine der wichtigsten Verbindungswege zwischen Süden und Norden. In Köln und anderen Stützpunkten war eine Flotte stationiert, die zur Zeit des Tiberius nicht weniger als 1000 Kriegsschiffe besaß. Seit dem Ende des 1. Jahrhunderts n. Chr. trug sie dank Domitian den Ehrennamen „die Fromme und Treue". Auch christliche Frömmigkeit kam früh in diese Gegend; und eines der ältesten archäologischen Dokumente ist die *cella memoriae* („Gedächtniskapelle") für die beiden Märtyrer Cassius und Florentinus.

Aus Originalfundstücken rekonstruierte cella memoriae *für Cassius und Florentinus, Bonn, 3. Jahrhundert n. Chr., Detail.*

Nördlicher Kölner Abwasserkanal, 2. Jahrhundert n. Chr. Dieser heute begehbare Teil, der nahe beim Praetorium unter der heutigen Budengasse verläuft, hat eine maximale Höhe von 2,5 m bei 1,2 m Breite und führte die Abwässer in den Rhein.

Ein Kaiser als Herr und Gott

„CGPF": Classis Germanica Pia Fidelis, „die germanische Flotte, die fromme und treue" – so steht es auf einem Stempel, der auf dem Baustein eines Gebäudes der römischen Rheinflotte bei Köln-Alteburg gefunden wurde (Abb. unten). Solche ehrenvollen Attribute wurden vom Kaiser für besondere Verdienste verliehen. In diesem Fall ist uns der historische Hintergrund bekannt: Der obergermanische Statthalter L. Antonius Saturninus hatte Ende 88 n. Chr. von Mainz aus einen Putsch gegen Domitian unternommen, der jedoch schon Anfang 89 vom niedergermanischen Statthalter A. Lappius Maximus Norbanus niedergeschlagen wurde. Auf Seiten des Norbanus, und damit des Kaisers, hatte sich vor allem die bei Köln stationierte Rheinflotte hervorgetan. Zusammen mit den anderen niedergermanischen Truppenkontingenten erhielt sie daraufhin den Ehrentitel „Pia Fidelis" und führte ihn stolz in ihrem Namen. Vor allem bei (und seit) Domitian hat diese Ehrenbezeichnung einen besonderen Hintergrund: Domitian nämlich war es, der emphatischer als irgendein Kaiser vor ihm die Selbstvergöttlichung betrieb. Er ließ sich „Dominus et Deus" nennen, „Herr und Gott" – was in christlichen Ohren wie eine doppelte Blasphemie klingen mußte, war doch *Dominus* zugleich auch die lateinische Bezeichnung für den *kyrios*, den *Herrn* Jesus Christus. Doch auch im Senat und im Adel wuchs der Widerstand gegen Domitian, und so waren die Aktionen gegen ihn – nicht zuletzt jener Putsch des Saturninus – von weiten Teilen der römischen Führungsschicht getra-

In Baustein eingebrannte, abgekürzte Insignien der römischen Rheinflotte, spätes 1. Jahrhundert n. Chr., bei Köln-Alteburg. CGPF: Classis Germanica Pia Fidelis – die Germanische Flotte, die fromme und treue.

EINE FROMME FLOTTE: KÖLN UND BONN

Modell des Kölner Praetoriums um 180 n. Chr.

gen. Um so bitterer mußte es auf seine Gegner, nicht nur auf die Christen im Reich, dann auch wirken, daß er jene Truppen, die siegreich zu ihm hielten, ausdrücklich als „*fromm* und treu" auszeichnete. Die Ermordung Domitians am 18. September 96 wurde wohl nicht zufällig von einem Diener des hingerichteten Kaiservetters und Christen Titus Flavius Clemens und dessen verbannter Ehefrau Flavia Domitilla eingeleitet.

Unter Domitian war Köln zum Amtssitz des Statthalters der niedergermanischen Provinz (*legatus Augusti pro praetore provinciae Germaniae inferioris*) geworden. Aus dieser Zeit stammen die ältesten Reste des Praetoriums (Abb. rechts). Erst 1953 stieß man beim Wiederaufbau des Rathauses auf Teile dieses Gebäudes. Systematische Ausgrabungen in den Jahren 1967 und 1968 führten dann zur Erschließung der gesamten Baugeschichte.

Nicht immer war im römischen Reich das Praetorium ein eigens für den Statthalter errichteter Bau; oft machte der jeweilige Amtsinhaber einen vorhandenen Palast zu seinem Gerichts- und

Verwaltungsort. So kommt es z. B., daß die tatsächliche Lage des Praetoriums des Pilatus in Jerusalem noch immer umstritten ist. War es, wie inzwischen wohl ausgeschlossen ist, die Festung Antonia? War es der Palast des Herodes? Oder war es, wie neueste Forschungen nahelegen, ein Teil des Hasmonäer-Palastes, südwestlich des Tempelberges? In Köln ist die Sachlage klar, denn hier wurde unter Domitian eigens ein Zweckbau errichtet, der noch bis in die fränkische Zeit hinein unter wechselnden Herrschern und mit immer neuen baulichen Veränderungen als Verwaltungs- und Königsresidenz benutzt wurde.

Kölner Praetorium, Ostmauer des 4. Jahrhunderts, mit Blick auf Reste der Vorgängerbauten. Im Kölner Praetorium wurde Vitellius 69 n. Chr. zum Kaiser ausgerufen, und Trajan erhielt hier die Nachricht von seiner Erhebung zum Kaiser. Auch Konstantin dürfte hier um 310 n. Chr., noch vor dem Marsch auf Rom, residiert haben, während auf der gegenüberliegenden Seite des Rheins Deutz (Divitia) zur Festung ausgebaut wurde. Wenige Jahre später wurde im Praetorium eine christliche Kapelle eingerichtet.

Laufende Ausgrabungen im Kölner St. Albansviertel, bei der Straße Obenmarspforten (siehe Bild unten), mit Blick Richtung Süden zum vermuteten Tempel des Mars (vor 69 n. Chr.)

Öllampe mit Kopf des Mars, 2. Jahrhundert n. Chr.

Mars und Dionysos

Charakteristisch für das Umfeld, das die ersten Christen hier vorfanden, ist das häufige Auftreten von Spuren zweier scheinbar völlig entgegengesetzter Götter: Mars, der Gott des Krieges, und Dionysos, der Gott des Weines. Die Bedeutung des Mars-Kultes im römischen Köln, der *Colonia Claudia Ara Agrippinensium* („Claudia" nach Kaiser Claudius, der die Stadt in den Rang einer „Colonia" erhob, „Ara" nach dem Heiligtum der dort ansässigen Ubier, „Agrippinensium" nach Kaiserin Agrippa, auf deren Anstoß man die Gründung der Stadt zurückführte) ist noch im heutigen Stadtbild offensichtlich: Eine Straße unmittelbar südlich des Praetoriums heißt „Obenmarspforten" (Abb. links) und verweist damit auf einen nahegelegenen Mars-Tempel. Jüngste, noch laufende Ausgrabungen an dieser Straße, im sogenannten St. Albansviertel (Abb. oben), haben in der Tat Gebäudereste römischer und mittelalterlicher Bauphasen zu Tage gebracht, unter denen sich allem Anschein

nach auch ein Teil des Mars-Tempels aus der Zeit vor 69 n. Chr. befindet. Möglicherweise ist man hier auf der Spur jenes Mars-Tempels, der aus Anlaß der Erhebung des Vitellius zum Kaiser durch die rheinischen Armeen im Jahre 69 n. Chr. vom Kaiserbiographen Sueton erwähnt, wird. Dieser Tempel hatte auch die Zeit zwischen 60 und 80 n. Chr. datiert werden kann (Abb. unten). Im Stil sind die Darstellungen mit Freskenmalereien in Pompeji vergleichbar, stammen vielleicht sogar von süditalienischen Künstlern und dienten weniger der Verehrung des Dionysos oder der Satyrn, sondern vor allem der sinnenfrohen

deswegen einen besonderen Rang, weil in ihm das Schwert Julius Caesars aufbewahrt wurde. Da Mars-ähnliche Gottheiten auch unter den Germanen verehrt wurden, verwundert die reibungslose Akzeptanz kaum. Selbst Alltagsobjekte wie Öllampen (Abb. links) konnten ohne weiteres zur Vergegenwärtigung des Mars genutzt werden.
Ebenso populär war der Weingott Dionysos, von den Römern meist Bacchus genannt. Darstellungen bacchantischer Szenen gehörten zur Wandbemalung vornehmer römischer Villen, so auch im Prunkspeisesaal eines Hauses, das 1969 bei Ausgrabungen an der Südwestecke des Kölner Doms gefunden wurde und auf

Wand des Prunkspeisesaals der römischen Villa vor 80 n. Chr., ausgegraben 1969 in der Nähe des Kölner Doms. Links und rechts sogenannte Schirmkandelaber (nach denen solche Wände auch bezeichnet werden), in der Mitte oben Rest einer dionysisch-bacchantischen Szene.

Detail der Mittelszene der Schirmkandelaberwand. Ein Dionysos/Satyr mit Putten bei der Weinlese.

EINE FROMME FLOTTE: KÖLN UND BONN

Cella memoriae *(Gedächtniskapelle)* des 3. Jahrhunderts n. Chr. Fundort 1928 unter dem Bonner Münster, heute teilrekonstruiert im Keller des Rheinischen Landesmuseums Bonn. Rings die Sitzbänke für das Gedächtnismahl, vorn der unvollständig erhaltene Tischblock, im Hintergrund der vollständige mit der Terra Sigillata – *Schale (rechts) und der leeren Gefäßvertiefung (links).*

Johannes 6, 53–54:
Jesus sagte zu ihnen: „Amen, amen, das sage ich euch: Wenn ihr das Fleisch des Menschensohnes nicht eßt und sein Blut nicht trinkt, habt ihr das Leben nicht in euch. Wer mein Fleisch ißt und mein Blut trinkt, hat das ewige Leben, und ich werde ihn auferwecken am Letzten Tag."

Raumausschmückung. Ähnliches gilt für das in der Nähe gefundene große Dionysos-Mosaik. Dennoch war gerade dieser Gott für die frühen Christen eine wirkliche Herausforderung: Schon die Weinsymbolik ließ in manchen Augen Parallelen entstehen. Sagte z. B. Christus von sich, daß er der Weinstock sei, und ließ er bei der Hochzeit von Kana aus Wasser Wein werden, so verwiesen Anhänger der dionysisch-orphischen Mysterien darauf, daß ihr Gott den Weinstock erschaffen hatte und Wein (aber auch Milch und Honig) aus dem Boden kommen lassen konnte. Wie unähnlich das scheinbar Ähnliche in Wirklichkeit war, das ließ sich schnell zeigen; eine andere scheinbare Parallele bot für die Christen in Verfolgungszeiten größere Probleme: In seiner ersten Blütezeit hatte der Dionysos-Kult in den „Bacchanalien" zu wilden Orgien geführt, das rohe Fleisch zerrissener Tiere wurde gegessen, und der Gott „erschien" als Bock oder Stier, den seine Anhänger dann selbst verzehrten. Bereits im 2. Jahrhundert v. Chr. waren diese orgiastischen Feiern zum ersten Mal verboten worden, und in neutestamentlicher Zeit wurden sie in dieser Form allem Anschein nach nicht mehr praktiziert. Doch gerade den Christen wurde im Mißverständnis der Abendmahlsfeier „Kannibalismus" vorgeworfen, und ein Widersacher konnte an ein fatales Wiederbeleben dieses Kultes denken, wenn er z. B. Johannes 6, 53–56 las. Es ist auch heute noch nachvollziehbar, wie ein böswilliger Interpret solche Aussagen *gegen* die Christen wenden konnte.

Herr und Gott ist nicht der Kaiser

Wer sich als Christ den Göttern verweigerte und gegen alle Mythen auf den historischen Jesus Christus verwies, war so lange ungefährdet, wie er nicht in offenen Konflikt mit der Staatsautorität geriet. Immer wieder forderten Kaiser und Statthalter die Christen heraus, indem sie dazu aufforderten, dem Kaiser als Gott zu opfern. In einem solchen Zusammenhang entstand die Tradition, die hinter dem ältesten christlichen Fund des Raumes Köln/Bonn steht. 1928 wurde bei Ausgrabungen unter dem Münster von Bonn (dem römischen Legionslager *Bonna*) in einem römischen Gräberfeld des 1. bis 4. Jahrhunderts n. Chr. eine *cella memoriae* (Gedächtniskapelle) gefunden (Abb. links), die im ganzen Typus auf das späte 3. Jahrhundert verweist, auf die gleiche Zeit, aus der z.B. auch der Trierer Albana-Sarkophag stammt. Die heute übliche Datierung der *cella memoriae* auf die erste Hälfte des 4. Jahrhunderts liegt erheblich zu spät. Man fand einen Raum von ca. 3,35 x 2,55 m mit zwei gemauerten Tischblöcken, von denen einer nur noch im Ansatz sichtbar ist. Im hinteren sind zwei Vertiefungen deutlich sichtbar; in einer lag noch die Tonschale, in die im antiken, häufig auch von Christen übernommenen Totenmahlritus Gaben gelegt wurden. Die andere Vertiefung nahm vermutlich ein Spendegefäß für Öl, Wasser oder Wein auf. Die Schale aus *terra sigillata* (rotglänzender, gestempelter Ton) kann auf die Mitte des 3. Jahrhunderts datiert werden; ob sie die ursprüngliche Schale ist, oder ob sie an die Stelle einer früheren Schale trat, muß offen bleiben. Offensichtlich kamen hier Bonner Christen zusammen, um, auf Bänken sitzend, wie man sie auch in den römischen Katakomben finden kann, ihrer Toten in Form eines Gedächtnismahls (*refrigerium*) zu gedenken. Die Grabungen bestätigten, daß trotz einer Zerstörung um die Jahrhundertwende (in der Christenverfolgung Diokletians?) in unmittelbarer Nähe noch lange danach zahlreiche Bestattungen stattfanden, die so gelagert sind,

Fußbodenkreuz aus grau-violettem, blaugrauem, weiß-rotem und weißem Marmor, in rötlichem Kalkestrich des Saalbaus über der cella. *Länge: 80 cm; Breite: 30 cm, ca. 378 n. Chr. Besonders prachtvolles Kreuz, dessen Wert und Lage – im Boden über der* cella memoriae *– ein deutlicher Hinweis auf die Bedeutung der Märtyrergedenkstätte ist.*

daß offenbar gerade die Nähe zu dieser *cella* gesucht wurde. Und schon in der zweiten Hälfte des 4. Jahrhunderts wurde darüber ein Saalbau errichtet, der weitere Gräber aufnahm und durch ein markantes, 80 cm langes und 30 cm breites Marmorkreuz ausgezeichnet ist (Abb. S. 53). Die Datierung ist ziemlich sicher, da im Fundamentmörtel drei Münzen gefunden wurden, von denen eine unbeschädigt und frisch geprägt den römischen Kaiser Valens (364–378) zeigt. Damit belegt diese zweifellos christliche Anlage eine direkte Kontinuität zum darunterliegenden, älteren Memorialbau. Diese Ortstradition wurde danach ununterbrochen fortgeführt, bis zum Bau des Bonner Münsters im 11. Jahrhundert. Wer aber war dort begraben? Das Münster ist zwei Märtyrern geweiht, den Soldaten Cassius und Florentinus, die in Bonn, im dortigen Legionslager (nördlich des Gräberfelds) der sogenannten Thebaischen Legion angehört haben sollen, die sich weigerte, dem Kaiser zu opfern. Das Ereignis ist am ehesten kurz vor 269 zu datieren, ehe Gallienus, der christenfreundliche Sohn des Valerian, Alleinherrscher wurde. Doch während es die Thebaische Legion tatsächlich gab, ist sie inschriftlich für den Raum Köln/Bonn bisher nicht nachgewiesen. Gleichwohl wird ein erster Bericht schon dem Bischof Eucherius von Lyon (vor 450 n. Chr.) zugeschrieben; vor 590 berichtet dann Gregor von Tours über das Martyrium von Soldaten dieser Legion in Köln – zu ihnen soll Gereon gehört haben, dem wiederum in Köln eine Kirche geweiht ist (siehe Kapitel II.2). *Namentlich* werden die beiden Bonner Märtyrer Cassius und Florentinus allerdings erst in einer auf 691/692 datierten Schenkungsurkunde genannt. Ob also die Ortsüberlieferung recht hat, läßt sich archäologisch nicht beweisen. Archäologisch sicher allerdings ist die fortgesetzte Verehrung einer christlichen Grabstätte an dieser Stelle seit dem 3. Jahrhundert – neben dem Befund in Trier ein weiterer Hinweis auf das konsequente Auftreten von Christen in einer überaus schwierigen Zeit.

KAPITEL I.7

Auf britischem Boden: Dover und der Weg nach London

Schon in römischer Zeit war Dover (*Dubris*) einer der Haupthäfen Britanniens. Im 1. Jahrhundert n. Chr. übernahm er zusätzlich die Aufgaben des immer mehr versandenden Richborough (*Rutupiae*). Obwohl eindeutige archäologische Spuren einer sehr frühen Ansiedlung von Christen fehlen, müssen auch christliche Händler und Reisende hier von Anfang an eingetroffen sein, ehe sie z. B. über die Watling Street nach London und in den Norden weiterreisten. Punktuelle Ausgrabungen führen in diesem Bereich zu neuen Erkenntnissen.

Teile der alten römischen Straße sind in der Londoner City noch heute unter dem traditionellen Namen Watling Street erkennbar.

Namen und Legenden

Während die Anfänge der Christianisierung Galliens wenigstens unter bestimmten Voraussetzungen mit einem Paulus-Schüler verbunden werden können, sind die Angaben über das 1. Jahrhundert in Britannien von Legenden überwuchert. Am populärsten ist nach wie vor die mit Glastonbury in Somerset verknüpfte Tradition: Joseph von Arimathäa, das Ratsmitglied, das sein Grab für den gekreuzigten Jesus zur Verfügung stellte (Johannes 19, 38–42), sei hierher gekommen, und sein Stab, den er hier in den Boden steckte, habe sich in den noch heute sichtbaren „Glastonbury Thorn" verwandelt. Historisch und archäologisch lassen sich dort allerdings keine Spuren nachweisen, die vor das 6. Jahrhundert zurückreichen. Um 43 n. Chr. wurde in Dover der Stützpunkt der römischen Flotte Britanniens, der *Classis Britannica*, aufwendig ausgebaut, und noch heute sichtbar ist einer der beiden damals errichteten Leuchttürme (Abb. unten). Dieser *pharos* steht auf der östlichen Anhöhe über dem Hafen. Ursprünglich hatte er eine Höhe von rund 25 m, von denen heute noch 13 m im alten römischen Stein erhalten sind – das höchste in England erhaltene Bauwerk aus römischer Zeit. Daß er heute überhaupt noch steht, verdankt er der aus angelsächsischer Zeit stammenden Kirche St. Mary-in-Castra, für die er ursprünglich als Turm diente. Nicht weniger eindrucksvoll sind

Der römische Leuchtturm von Dover (Dubris) mit der Kirche St. Mary-in-Castra.

die freskenbemalten Räume einer zwischen 1970 und 1977 in Dover ausgegrabenen Stadtvilla, dem sogenannten *Painted House* (Bemaltes Haus, Abb. rechts und unten). Es lag nahe der Straße, die vom Flottenstützpunkt in Richtung London führte, und wurde gegen Ende des 2. Jahrhunderts vermutlich als feudales Gästehaus für hochrangige Besucher aus Kontinentaleuropa errichtet. Die sorgfältigen Ausgrabungen haben nicht nur die kunstvoll ausgemalten Wände wieder sichtbar werden lassen; auch das typische Heizungssystem wurde fast intakt vorgefunden. Was der heutige Besucher nur durch ein Loch im Boden sehen kann (Abb. oben), ist an anderen Orten des römischen Reichs auch in Seitenansicht zugänglich: so etwa in Rockbourne (Hampshire), Fishbourne (West Sussex) oder St. Albans (dem römischen *Verulamium*, Hertfordshire). Erst vor wenigen Jahren, 1988/89, wurde eine vergleichbare Anlage bei einem römischen Hilfstruppenlager in Bonn am Rhein gefunden. Es handelt sich dabei vermutlich um Teile der Wohnräume des Standortkommandanten mit separater Badeanlage. Deutlich sichtbar sind u. a. die nicht mehr in voller Höhe erhaltenen Ziegel, auf denen der Fußboden ruhte (Abb. S. 58 oben). Durch bogenartige oder rechteckige Öffnungen konnte die von einem außerhalb der Räume stehenden „Ofen" aufgeheizte Luft in die Zwischenräume unter dem Fußboden gelangen, ihn erwärmen und dann wieder abziehen. Ähnliche Freiräume in den Wänden ermöglichten den Abzug der Luft nach oben. Dieses sogenannte Hypocaust-System war vor allem im kälteren Klima des Nordens weit verbreitet. Der Bonner Fund zeigt zudem, daß es auch den Badeluxus der Römer erleichterte: Unmittelbar neben dem Hypocaust-beheizten Raum liegt hier ein Badezimmer (Abb. S. 58 links), das durch einen Warmluftzugang mitgeheizt wurde. Mit Wasserleitungen wurde das korrekt temperierte Wasser zugeführt.

Christen, die nach Britannien kamen, müssen den Wohnkomfort der römischen Besatzungs-

Blick in Raum 2 der römischen Villa von Dover, ca. 200 n. Chr. Durch das Loch in der Mitte sind Teile des Heizungssystems erkennbar, zu dem auch der Hauptabzug vorn rechts gehört.

Detail der Wandbemalung in Raum 2.

AUF BRITISCHEM BODEN: DOVER UND DER WEG NACH LONDON

Römisches Leben im kühlen Norden

Vor allem die ungewohnt kühlen Temperaturen der nördlichen Provinzen, das feuchte und regnerische Wetter in Germanien und Britannien bereitete den Römern Unannehmlichkeiten; literarische Berichte sprechen eine deutliche Sprache. Die Erfindung des Zentralheizungssystems brachte da schnelle und wirksame Linderung. Die zwischen 1988 und 1989 in Bonn ausgegrabene Hypocaust-Heizungsanlage (das Wort ist vom griechischen hypokaiō, „darunter anzünden", „etwas von unten durch Feuer erhitzen" abgeleitet) ist dafür ein plastisches Beispiel (Abb. links oben). Sie stammt aus dem 1. Jahrhundert n. Chr. und gehörte zur römischen Kommandeursvilla von Bonna. Unmittelbar daneben lag das gleichfalls freigelegte Wasserbecken der Badeanlage des Kommandeurshauses. Dadurch, daß die Ostseite beim Ausschachten eines Grabens versehentlich zerstört wurde, ist ein „Querschnitt" möglich, zu dem ein im Bild unten links sichtbares Rohr gehört (Abb. Mitte links).

Der römische Schriftsteller Plinius d. J. (61–113 n. Chr.), der sich als Verwalter der schon früh vom Christentum erreichten Provinzen Pontus und Bithynien (vgl. u. a. 1. Petrusbrief 1, 1) auch mit engagierten Christen auseinanderzusetzen hatte und darüber im Jahre 111 n. Chr. mit Kaiser Trajan korrespondierte, gibt in der Beschreibung seines bei Rom gelegenen Landsitzes eine Schilderung, die uns hilft, eine solche Anlage nachzuvollziehen:

„(...) Daneben liegt das Salbzimmer, die Zentralheizung (hypocauston), der Heizraum für das Bad, dann zwei Kabinen, eher elegant als luxuriös eingerichtet. Dazu gehört ein wunderbares Warmbad." (Plinius d. J., Briefe, II, 17, 11)

Auch auf den Speisekomfort wollte man im Norden nicht verzichten. Die Küchen waren mit allem gewohnten Zubehör ausgerichtet, auch wenn in den ersten zwei Jahrhunderten nicht nur die südlichen Delikatessen, sondern auch viele Gefäße aus dem Süden importiert wurden. Die Abbildung rechts zeigt eine typische Londoner Küche des 1. bis 3. Jahrhunderts n. Chr.; alle Amphoren und Töpfe sind Originalfunde, während die Innenarchitektur im Museum of London rekonstruiert wurde. Erst im späten 3. und frühen 4. Jahrhundert wurden die notwendigen Hausratsutensilien nicht mehr importiert, sondern im Lande selbst hergestellt. Ein Speisezimmer aus der Zeit des Constantius Chlorus, des Vaters Konstantins des Großen, ist im Museum of London rekonstruiert worden (Abb. rechts unten). Alle Gefäße und Gerätschaften sind Originalgegenstände britischer Produktion.

elite und ihrer Angehörigen, wie er auch in der aus Originalteilen bestehenden Rekonstruktion einer Londoner Küche und eines Speisezimmers (Abb. S. 58 rechts unten) sichtbar ist, nicht unbedingt als etwas Fremdes und ihnen Ungemäßes begriffen haben. Auch unter christlichen Händlern schon in neutestamentlicher Zeit gab es wohlhabende Männer und Frauen – man denke etwa an das Ehepaar Aquila und Prisca mit Häusern in Rom und Korinth oder auch an Gaius und Erastus in Korinth, der eine als Besitzer eines Hauses, das groß genug war, die ganze korinthische Gemeinde aufzunehmen, der andere als Stadtkämmerer (Römer 16, 23). Auch vom Haus am Vicus Patricius in Rom, das wohl dem Pudens aus 2. Timotheus 4, 21 gehört haben dürfte, war schon in einem früheren Kapitel die Rede.

Reisende kamen auf dem Weg nach London auch durch Canterbury (*Durovernum Cantiacorum*). Reste des Forums, des Theaters, einzelner Häuser und des rasterförmigen Straßensystems konnten ausgegraben und teilweise rekonstruiert werden. Doch die Kathedrale, heute Sitz des Oberhaupts der englischen Staatskirche, des Erzbischofs von Canterbury, und die in ihrem Umfeld vorgenommenen Grabungen (Abb. oben) haben noch nicht über das 4. Jahrhundert – die Zeit der offiziellen Christianisierung unter und seit Konstantin – zurückgeführt. Gesichert scheint immerhin, daß im Jahre 597 der von Papst Gregor auf die Insel gesandte Missionar Augustinus hier eine ältere Kirche ausbauen und verbessern ließ. Näheres, vor allem über die baulichen Ursprünge, müßten heute kaum mögliche Grabungen unter der jetzigen Kathedrale ergeben; und ähnliches gilt für zwei weitere, nahe dem Zentrum gelegene Kirchen aus spätrömischer Zeit, St. Martin und St. Pancras.

Sichtbare Spuren der alten römischen Watling Street treten wieder durch jüngste Grabungen in Southwark, einem Stadtteil Londons südlich der Themse, zu Tage (Abb. rechts). Hier, im Bereich der Old Kent Road und der Bowles Road, wurden zwischen dem 28. März und dem 24. August 1990 zuerst Siedlungsspuren prähistorischer Zeit – etwa 6000 und 3000 v. Chr. – entdeckt. In drei Gräben kamen römische Töpferwaren und vor allem Kiesel durchsetzte, wasserundurchlässige Tonteile zum Vorschein. Die Archäologen vermuten, daß dies zur Grund-

Canterbury Cathedral mit den Resten der Bautätigkeit des Augustinus, um 600 n. Chr.

Ausgrabungsarbeiten im „Graben C" der römischen Watling Street (Old Kent Road/Bowles Road), August 1990.

AUF BRITISCHEM BODEN: DOVER UND DER WEG NACH LONDON

Teilrekonstruktion des Londoner Mithraeums an leicht veränderter Stelle. Im Hintergrund verläuft die Queen Victoria Street.

Kopf des Mithras aus dem Londoner Mithraeum, ca. 180 n. Chr., vermutlich aus italienischer Werkstatt, in Carrara-Marmor. Kopf und Hals wurden am 18. bzw. 21. 9. 1954 in zwei Teilen gefunden; das ganze Gesicht hatte ursprünglich die Glätte des Halses und der rechten Wange.

schicht der römischen Straße gehörte: Stabilität und Wasserabfluß wurden dadurch verbessert. Münzfunde lassen annehmen, daß an dieser Straße zwischen dem 1. und dem 4. Jahrhundert immer wieder gearbeitet wurde, bis die Römer bei ihrem Rückzug aus Britannien zu Beginn des 5. Jahrhunderts die Unterhaltsarbeiten einstellten. Bauziegel und ein Edelstein des frühen 2. Jahrhunderts legen ferner nahe, daß es in unmittelbarer Nähe auch eine kleine römische Ansiedlung gab – vielleicht ein Landhaus rund 5 km vor den Toren der Stadt. Mit Sicherheit läßt sich durch diese Ausgrabung schon jetzt zeigen, wie kurz vor London die römische Landstraße verlief, auf der auch die ersten Christen in die Hauptstadt gelangten.

Eine frühe Konkurrenz: Mithras

Wo römische Soldaten waren, von den Flottenstützpunkten über inländische Kastelle an Überlandstraßen bis in die Städte, da war vor allem ein Kult überaus beliebt, der für das Christentum noch lange eine ernsthafte Herausforderung bedeutete: die Verehrung der aus Persien stammenden Gottheit Mithras. Eindrucksvoll sind die 1954 in London-Walbrook nahe bei der Watling Street – nördlich der Themse – gefundenen Reste (Abb. S. 60 und 61). Dem flüchtigen Betrachter bieten die Funde kaum Ansatzpunkte für eine mit dem Christentum konkurrierende Religion – es sei denn, man denkt an die häufig wie christliche Kirchen in einer Apsis mündenden Kultstätten, für die das Londoner Mithraeum (Abb. oben) ein Beispiel mit West-Ausrichtung bietet. Der eigentliche Vergleich lag in den Verheißungen: Auch der Mithras-Glaube versprach persönliches Heil und ein Leben nach dem Tode, er kannte zudem ein Abschiedsmahl seines Gottes und dessen „Himmelfahrt". Und er machte es seinen Anhängern leichter, da er nicht zur Ablehnung des Kaiserkultes aufrief, die für so viele Christenverfolgungen ausschlaggebend war. Gerade die in der scheinbar vergleichbaren Verheißung bei geringerem Risiko liegende Attraktivität stellte für die christlichen Missionare ein Problem dar. Noch die Entscheidung, das Weihnachtsfest – für das es ja kein festes neutestamentliches Datum gibt –, auf den 25. Dezember zu legen, kann als Folge dieser Auseinandersetzung gesehen werden: denn dieser Tag galt als Geburtstag des Mithras, und die Christen konnten mit ihrer Festlegung beanspruchen, den heidnischen Mythos durch den historischen Christus abzulösen.

Die Ähnlichkeiten berührten allerdings nur die Oberfläche; bei genauerem Hinsehen unterschied sich jedes Detail. Darüber hinaus sprach der Mithras-Kult nur Männer an, während das Christentum sich gerade auch in der Hervorhebung der Frauen deutlich von den Normen der antiken Umwelt abhob. Seltsame Initiationsriten wurden den Mithras-Anhängern ebenso abverlangt wie das Durchlaufen von sieben Weihegraden, die „Rabe", „Bräutigam", „Soldat", „Löwe", „Perser", „Bote der Sonne" und „Vater" genannt wurden. Stets vor Augen stand den Anhängern dabei der Mittelpunkt des Kultraums, ein Reliefaltar, auf dem Mithras bei der Tötung eines Stiers gezeigt wird, mit dem tief im Nacken steckenden Messer (Abb. oben u. S. 62).

Relief des den Stier erstechenden Mithras (Mithras Tauroctonos) aus dem Londoner Mithraeum. Links mit der erhobenen Fackel der das Licht symbolisierende Cautes, rechts mit der gesenkten Fackel der die Finsternis symbolisierende Cautopates. Ein Hund und eine Schlange (von der nur noch der Kopf und ein Teil des Schwanzes sichtbar sind) trinken das Blut; ein Skorpion nähert sich den Geschlechtsteilen des Stiers. Im Kreis stehen die Tierkreiszeichen, außerhalb des Kreises sieht man oben links den Sonnengott Sol *mit seinen vier Pferden, ihm gegenüber rechts die Mondgöttin* Luna, *die zwei Stiere nach unten schickt. Unten links und rechts sind die Büsten zweier Windgottheiten zu sehen; links vermutlich Boreas, rechts Zephyros. Der fragmentarische Text links und rechts verweist auf den Stifter, den aus der zweiten augusteischen Legion ausgeschiedenen, in Orange (dem gallischen* Arausio) *in den Mithras-Kult eingeführten Ulpius Silvanus. Carrara-Marmor, ca. 150 n. Chr.*

Teil des Mithraeums von San Clemente, Rom, 3. Jahrhundert: Speisesaal (Triclinium). Im Vordergrund der stiertötende Mithras, links und rechts die Sitzbänke der Mithras-Anhänger. Im Hintergrund eine Darstellung der „Felsgeburt" des Mithras. Der Altar selbst dürfte ursprünglich in einem gegenüberliegenden Raum gestanden haben; das Triclinium diente dem Erinnerungsmahl an das Abschiedsessen von Mithras und Apoll nach dem Sieg des Mithras über den Stier und vor der Himmelfahrt des Mithras im Feuerwagen Apolls.

Das Blut des Stiers sollte Wein wachsen lassen, aus seinem Körper sollte Getreide hervorgehen. Häufig ist Mithras dabei mit seinen Begleitern Cautes (dem Symbol von Licht, Tag und Leben) und Cautopates (dem Symbol von Dunkelheit, Nacht und Tod) dargestellt (Abb. S. 61). Später wurde Mithras vor allem unter Soldaten mit dem *Sol invictus*, dem unbesiegten und unbesiegbaren Sonnengott, gleichgesetzt, den auch Konstantin der Große lange verehrte.

Der Londoner Mithras-Fund ist so eindrucksvoll erhalten geblieben, da er offenbar aus Sorge vor einem Übergriff – vielleicht durch Christen im 4. Jahrhundert – unter dem Boden des Kultraums versteckt wurde. Die Konkurrenzsituation zwischen Anhängern Christi und denen des Mithras läßt sich besonders plastisch in Rom zeigen, unter der Kirche San Clemente (Abb. oben). Hier hatten Mithras-Verehrer unmittelbar neben dem christlichen Haus des 1. Jahrhunderts etwas später – möglicherweise zur Zeit der valerianischen Christenverfolgung – eine Schule, einen Kultraum und einen Speisesaal eingerichtet, die das Selbstverständnis dieser Religion noch heute spürbar werden lassen.

LONDON

Die Anfänge des Christentums in London sind noch nicht so deutlich, wie man sich das wünschen würde. Zu viele ursprüngliche Spuren sind für immer verloren, unzugänglich unter dichter Bebauung oder überlagert von alten Legenden. Doch auch für London gilt, was sich an vielen Stätten des Römischen Reichs nachweisen läßt: Unter heutigen Kirchen können sich zuverlässige Ortstraditionen über Privathäusern erhalten haben, die Christen gehörten und in denen sich die Gemeinden trafen. *All Hallows by the Tower* und *St. Bride's*, Fleet Street, sind zwei mögliche Beispiele.

Boden des römischen Privathauses aus dem 2. Jahrhundert unter der Kirche All Hallows by the Tower, Barking.

Am Rande Londiniums

43 n. Chr. fand die großangelegte Invasion der britischen Insel unter Kaiser Claudius statt. Aufgrund seiner strategischen Lage wurde der Bereich nördlich der Themse und östlich des Walbrook sofort ausgebaut und befestigt. Doch schon 17 Jahre später fiel *Londinium* dem Aufstand der Iceni unter Königin Boudicca (Boadicea) zum Opfer. Die Stadt wurde bis auf die Grundmauern niedergebrannt und zerstört; noch heute läßt sich das archäologisch an Brandschichten nachweisen. Nach dem Wiederaufbau wuchs die Bedeutung der Stadt, die erst Sitz des Prokurators war, dann, ab 197 n. Chr., Hauptstadt der neugeschaffenen Provinz *Britannia Superior*. Aus dieser Zeit stammt der noch heute nördlich des Towers sichtbare Rest der Stadtmauer (Abb. unten). Blickt man innerhalb, d.h. westlich der Mauer, in Richtung Westen, sieht man nur wenige hundert Meter entfernt die Kirche St. Mary by the Tower (Abb. unten). In dieser Südostecke des römischen *Londinium*, zwischen der Great Tower Street und der Byward Street, bauten wohlhabende Bürger Häuser. Unter der Kirche wurde der Boden eines solchen Hauses vom Ende des 2. Jahrhunderts entdeckt (Abb. S. 65 oben). Deutlich sichtbar sind der Mosaikfußboden, Reste rotgefärbten Verputzes und eine Trennung, auf der früher einmal eine Wand hochgezogen war. Es gibt keine literarische Tradition, die den Besitzer dieses Hauses nennt.

Blick aus den Wakefield Gardens (Standort des römischen Mauerrestes) nach Westen auf die Kirche All Hallows by the Tower.

15 m langer und maximal 6 m hoher Rest der römischen Stadtmauer nördlich des im Hintergrund sichtbaren Towers.

Mosaikboden des römischen Hauses aus dem 2. Jahrhundert unter der Kirche All Hallows by the Tower.

brandschatzenden Sachsen und Franken, die über den Ärmelkanal gekommen waren, zerstört wurde, oder ob die letzten Bewohner es um 410 verließen, als die Römer sich endgültig aus Britannien zurückzogen, muß offen bleiben. Daß es hier eine christliche Ortstradition gab, und daß sie im Zuge der Rechristianisierung Britanniens ab 597 wiederbelebt wurde, ist jedenfalls nicht auszuschließen.

Ein Haus vor den Toren der Stadt

Rund 400 m westlich von Ludgate, dem um 200 n. Chr. erbauten südlichen der beiden Westtore *Londiniums*, steht versetzt hinter der Fleet Street die Kirche *St. Bride's*. Touristen, die in der Fleet Street nach den längst vergangenen Spuren der alten Londoner Zeitungsherrlichkeit suchen, verirren sich selten in diese Kirche, unter der sich

Sicher ist nur, daß dieser Ort um 675 n. Chr. von den christlichen Angelsachsen trotz seiner Randlage für die Errichtung einer Kirche gewählt wurde, deren Größe noch an dem mit teilweise römischen Steinen hergestellten Rundbogen ablesbar ist (Abb. rechts unten). Ob das römische Haus im Jahre 367 von den

Türbogen des ersten Kirchenbaus über dem römischen Privathaus, 7. Jahrhundert. Die Prägung durch den römischen Stil und die Verwendung römischer Steine sind deutlich erkennbar.

Unter der Kirche All Hallows by the Tower wurden römische Münzen und andere Kleinfunde sichergestellt. Besonders auffällig ist die Büste einer Frau, die in griechischer Sprache beschriftet ist. Dies könnte dafür sprechen, daß hier Menschen wohnten, die aus dem hellenisierten, griechischsprachigen Teil des Römischen Reiches stammten. Vor allem im 1. und 2. Jahrhundert galt das für die große Mehrzahl der Christen und ihrer Führungsschicht. Der Text ist neutral, d. h. er verrät weder eindeutig christliche noch typisch „heidnische" Glaubensformeln: „Dēmētris tē idia symbiō ek tōn ekinēs mnias charin" – Demetri(o)s für Heraklia, seine Gattin, auf deren Kosten zum Gedächtnis.

Offensichtlich hatte die wohlhabende Frau ihren Nachlaß so geregelt, daß der Gedenkstein aus ihrem eigenen Vermögen finanziert werden konnte.

Reste eines weiteren römischen, möglicherweise christlichen Hauses befinden (Abb. S. 67). Schon im Jahre 43 n. Chr. zogen die Römer im Bereich der heutigen Kirche einen Graben, bauten die endgültige Stadtmauer dann aber doch weiter östlich. Im 2. Jahrhundert, etwa zur gleichen Zeit, zu der das Haus unter All Hallows by the Tower gebaut wurde, legte man unweit dieses Grabens ein Haus mit Straßenzugang an. Auf diese Spuren stieß man bei Grabungs- und Sanierungsarbeiten, die auf die fast vollständige Zerstörung der Kirche durch einen deutschen Fliegerangriff am 29. Dezember 1940 folgten. Sichtbar wurden ein Teil der Straße, ein Bodenmosaik, Mauerreste sowie zahlreiche Kleinfunde (Abb. S. 68 links). Wie auch immer die Entdeckung interpretiert werden mag – es handelt sich um das einzige zweifelsfrei als römisch zu deutende Bauwerk westlich der alten Stadtmauer. Auch hier, an einer ansonsten keineswegs einladenden Stelle, wurde im 6. Jahrhundert eine Steinkirche gebaut, die an einen früheren, zum Teil aus Holz bestehenden Vorgängerkirchbau anknüpfte. Wieder fehlt die sichere literarische Tradition für das vorkonstantinische Zeitalter. Dennoch darf man die Vermutungen über eine christliche Versammlungsstätte in einem römischen Privathaus durchaus noch einen Schritt weiterführen: Da der älteste belegbare Kirchenname für die Zeit des ersten Steinbaus *St. Bride's* lautet, und da St. Bride, d. h. die heilige Brigid von Kildare in Irland, mit dem keltischen Christentum in Verbindung gebracht wird, könnte hier von römischen Christen eine erfolgreiche missionarische Arbeit unter einheimischen Kelten begonnen worden sein, deren Nachwirkungen noch in nachrömischer Zeit spürbar blieben.

Der Kupfernagel und ein grüner Mosaikstein, die hier gefunden wurden (Abb. S. 68

Eingang zur heutigen Kirche St. Bride's, Fleet Street.

Krypta von St. Bride's mit Mauerresten aus der römischen Bauphase.

Rand oben), lassen auf einen wohlhabenden Besitzer bzw. Erbauer schließen – umso mehr, als diese Art Mosaikmaterial aus Italien importiert werden mußte.

Blick zwischen Mauerteilen auf den Bereich des Mosaikfußbodens.

Straßenseite der heutigen Kirche St. Peter upon Cornhill (von Wren nach dem Großen Feuer zwischen 1677 und 1687 wieder aufgebaut), Cornhill nahe Gracechurch Street.

Kupfernagel und aus Italien importierter grüner Mosaikstein aus dem Privathaus des 2. Jahrhunderts, St. Bride's, Fleet Street.

Vom Wahrscheinlichen zum Unwahrscheinlichen

Ist die früh einsetzende und ununterbrochen fortlaufende christliche Ortstradition bei All Hallows und St. Bride's am sinnvollsten damit zu erklären, daß die römischen Spuren tatsächlich zu christlichen Privathäusern des 2. Jahrhunderts gehörten, so stößt man an anderer Stelle auf die Spuren einer anrührenden, aber doch nur aus Mißverständnissen erwachsenen Legende. Die Kirche *St. Peter's upon Cornhill* (Abb. rechts) möchte gern im Jahre 179 von König Lucius gegründet worden sein. Tatsächlich gehörte das Areal, auf dem die heutige Kirche steht, zum Nordteil eines öffentlichen Gebäudes aus dem 1. Jahrhundert, der sogenannten *Basilica*, die das Forum und einen Tempel umschloß. Römisches Baugelände war dies also mit Sicherheit, doch gerade weil es sich um eine öffentliche Anlage im Zentrum der Stadt handelte, muß ausgeschlossen werden, daß hier zur gleichen Zeit – auch wenn die Christen gerade da vorübergehend geduldet wurden – ausgerechnet eine Kirche errichtet werden durfte. Der Irrtum ist auf den britischen Kirchenhistoriker Beda Venerabilis zurückzuführen, der in seiner 731 abgeschlossenen Kirchengeschichte (1.4) davon berichtet, wie der britische König Lucius an Papst Eleutherius schreibt, und diesen bittet, ihn zum Christen zu machen. Beda datiert das Ereignis in die Zeit der Kaiserherrschaft des Marcus Antoninus Verus und des Aurelius Commodus, die gemeinsam

ab 156 n. Chr. regierten. Die beiden Kaiser hat es ebenso gegeben wie den Papst, der von ca. 174 bis 189 n. Chr. amtierte. Und es läßt sich sogar zeigen, daß der vielzitierte Beda die Geschichte, die sich darum rankt, nicht selbst erfunden hat: Das römische *Liber Pontificalis* bietet bereits im 6. Jahrhundert die Geschichte von Lucius und seinem Brief. Der Irrtum ist gut erklärbar: Auch Abgar IX., König von Edessa (in Nord-Mesopotamien, heute Urfa in der Türkei), trug den (Bei-)Namen Lucius und korrespondierte nach seiner Bekehrung mit Papst Eleutherius. Da im Zusammenhang mit ihm auch von „Birtha" oder *„Britio Edessenorum"* die Rede ist, wurde aus Lucius (= Abgar) von Edessa unversehens Lucius der

Brite, dem man dann der Einfachheit halber auch eine Kirche zuordnete. Die noch heute in St. Peter upon Cornhill zu sehende Messingtafel aus der Zeit Heinrichs IV. (1399–1415) erzählt die Geschichte der Kirchengründung durch Lucius und ihrer Folgen, als ginge es um nüchterne Fakten (Abb. unten).

Nachweislich gibt es hier eine Kirche seit 1040, d. h. aus der Zeit vor der normannischen Eroberung. 1666 wurde alles im Großen Feuer von London zerstört, dann jedoch in kunstvoller Schlichtheit unter dem bedeutendsten Architekten des 17. Jahrhunderts, Sir Christopher Wren, wieder aufgebaut. Zu diesem Ruhm kommt hinzu, daß der deutsche Komponist Felix Mendelssohn-Bartholdy 1840 hier auf der Orgel spielte und sie als prächtigste Orgel Londons bezeichnete. Grund genug also, auch hierhin zu gehen und über Geschichte, Legende und Wirklichkeit nachzudenken.

Die Suche nach den ältesten Spuren des Christentums in London ist nach wie vor nicht einfach. Bisher ist wenig eindeutiges Material gefunden worden, und wünschenswerte Grabungen, etwa auch unter der Kirche St. Andrews, Holburn, sind zur Zeit kaum möglich. So ist der Historiker auf Wahrscheinlichkeiten und Vermutungen angewiesen. Gelingt es ihm, sie von den Legenden zu trennen, so kann er zumindest soviel sagen: Nicht anders als in Gallien und am Rhein dürfte es auch hier spätestens im 2. Jahrhundert wirksame Christengemeinden gegeben haben.

St. Peter upon Cornhill, Gartenseite, mit dichter innerstädtischer Umbauung auf dem Gelände der ehemaligen römischen Basilica.

Inschrift der Messingtafel in der Sakristei von St. Peter upon Cornhill. Zwischen 1399 und 1415 angefertigt, erzählt sie die Geschichte von König Lucius und seiner Kirchengründung im Jahre 179.

BEE IT KNOWNE TO ALL MEN THAT IN THE YEARE OF OVR LORD GOD 179. *LVCIVS* THE FIRST CHRISTIAN KING OF THIS LAND, THEN CALLED BRITAINE, FOVNDED Y FIRST CHVRCH IN LONDON, THAT IS TO SAY, Y CHVRCH OF Sᵗ PETER VPON CORNEHILL: AND HEE FOVNDED THERE AN ARCHBISHOP'S SEE, AND MADE THAT CHVRCH Y METROPOLITANE AND CHEIFE CHVRCH OF THIS KINGDOME, AND SO IT INDVRED Y SPACE OF 400 YEARES AND MORE, VNTO THE COMING OF Sᵗ AVSTIN THE APOSTLE OF ENGLAND, THE WHICH WAS SENT INTO THIS LAND BY Sᵗ GREGORIE, Y DOCTOR OF Y CHVRCH IN THE TIME OF KING ETHELBERT: AND THEN WAS THE ARCHBISHOP'S SEE & PALL REMOVED FROM Y FORESAID CHVRCH OF Sᵗ PETER VPON CORNEHILL VNTO DOROBERNIA, THAT NOW IS CALLED CANTERBVRIE, & THERE IT REMAINETH TO THIS DAY. AND MILLET A MONKE WHICH CAME INTO THIS LAND WITH Sᵗ AVSTIN, HEE WAS MADE THE FIRST BISHOP OF LONDON, AND HIS SEE WAS MADE IN PAVL'S CHVRCH, AND THIS *LVCIVS* KING WAS THE FIRST FOVNDER OF Sᵗ PETERS CHVRCH VPON CORNEHILL, & HEE REIGNED KING IN THIS LAND AFTER BRVTE 1245, YEARES. AND IN THE YEARE OF OVR LORD GOD 124. *LVCIVS* WAS CROWNED KING: AND THE YEARES OF HIS REIGNE WERE 77 YEARES. AND HEE WAS BVRIED (AFTER SOME CHRONICLES) AT LONDON: AND AFTER SOME CHRONICLES HEE WAS BVRIED AT GLOCESTER, IN THAT PLACE WHERE Y ORDER OF Sᵗ FRANCIS STANDETH NOW.

Christen in der Provinz

Die spärlichen Spuren frühen Christentums in London dürfen nicht zu dem Umkehrschluß verführen, daß es hier in der Anfangszeit keine oder nur wenige Christen gegeben hat. Gerade in den großen, unübersichtlichen Städten waren sie einerseits relativ sicher, unerkannt leben zu können, solange und wann immer sie das für notwendig hielten. Und andererseits war das Christentum in den Anfangsjahrhunderten ohnehin vorwiegend eine Religion der Städte. Erst sehr langsam erreichte und „eroberte" das Christentum auch die Dörfer und das weite Land. Noch heute ist das sichtbar an dem Wort, das für Heiden benutzt wurde: *pagani*, im Englischen als *pagans* gut erkennbar, sind etymologisch „die Leute auf dem Land", „auf den Dörfern". Daß die Archäologie in den dichtbesiedelten Städten unserer Zeit nicht so ausgiebig graben kann wie auf dem dünnbesiedelten Land, führt ebenfalls zu einem Mißverhältnis zwischen ergiebigen Funden etwa in London oder Lullingstone.

Gerade in Britannien gibt es außerhalb der Hauptverwaltungszentren mit kontinuierlicher Bebauung von der römischen Zeit bis in die Gegenwart zahlreiche kleinere Siedlungen, die archäologisch zuverlässig auch christliche Besiedlung vorweisen können. Der wissenschaftliche Disput über die genaue Datierung ist dabei häufig auch von ideologisch-religionsgeschichtlichen Überlegungen geprägt: Wer fest davon überzeugt ist, daß vor dem Mailänder Toleranzedikt des Licinius und des Konstantin im Jahre 313 keine christliche Kirche, kein erkennbar christliches Gebäude errichtet werden durfte, und daß z. B. auch christliche Siegel vor diesem Datum nicht möglich sind, der wird das Jahr 313 als das frühestmögliche Datum für alle zweifelsfrei christlichen und zugleich öffentlich zu sehenden oder zu nutzenden Funde erklären. Wer da offener ist und die Charakteristiken der jeweiligen Funde für sich selbst sprechen läßt, wird von Fall zu Fall auch frühere Daten annehmen, gegebenenfalls sogar für wahrscheinlicher halten. Orte wie Water Newton (*Durobrivae*, in Cambridgeshire), Lullingstone (römischer Name nicht bekannt, bei Eynsford in Kent), Richborough (*Rutupiae*, Kent), Icklingham (römischer Name nicht bekannt, Suffolk), Cirencester (*Corinium Dobunnorum*, in Gloucestershire), Frampton (Dorset), Hinton St. Mary (Dorset) oder Stone-by-Faversham, (Kent; für die drei letztgenannten sind keine sicheren römischen Namen überliefert) bieten zahlreiche Anhaltspunkte für ostentatives Christentum mit Wirkung sowohl auf „Insider" als auch auf eine breitere Öffentlichkeit. Ein Schlüsselbeispiel sind Kirche und Taufanlage in Silchester (*Calleva Atrebatum*, Hampshire). Den Spuren dort geht das nächste Kapitel nach.

KAPITEL I.9

SILCHESTER UND SEINE KIRCHE

Indirekte Hinweise auf Christen in Britannien lange vor Konstantin sind ausreichend vorhanden. Doch wann gab es die ersten sichtbar christlichen Bauten? In Hampshire, 16 km südlich von Reading, liegt Silchester – das römische *Calleva Atrebatum*. Im Jahre 1892 wurden hier Reste eines Gebäudes entdeckt – und schnell wieder vergessen –, das sich bei seiner Neuausgrabung durch Sir Ian Richmond im Jahre 1961 als die womöglich erste direkt als Kirche konstruierte Gottesdienststätte nördlich der Alpen herausstellte.

Silchester, die Kirche nach ihrer Ausgrabung 1961. Wenige Jahre später wurde das ganze Areal wieder zugeschüttet; heute dient es dem Getreideanbau…

SILCHESTER UND SEINE KIRCHE

Luftbild des von der römischen Mauer umgebenen alten Stadtgebiets, aus Richtung Westen. Von den Ausgrabungen ist nur der Bereich um die Basilika etwas oberhalb der Bildmitte sichtbar. Vor allem links sind dank der unterschiedlichen Gras- bzw. Getreidehalmhöhe Straßenzüge und Mauerreste deutlich zu erkennen. Am oberen (östlichen) Mauerende befindet sich die Kirche St. Mary the Virgin mit Nebengebäuden.

Silchester (Calleva Atrebatum). Stadtmauer des 3. Jahrhunderts, Ostseite, mit Kirche St. Mary the Virgin. Unter der Kirche wurden Reste eines römischen Tempels entdeckt.

Eine versunkene Stadt

Wer heute nach Silchester kommt, steht vor einem Beispiel seltsamer Vergangenheitspflege: Wie nirgends sonst in England ist hier das Areal einer ganzen römischen Stadt genau bekannt, denn weite Teile der Ringmauer sind gut erhalten, und der erste Blick an einer der markantesten Stellen (Abb. unten) läßt eine Gesamtschau von den Anfängen bis in die Gegenwart der um 1180 erbauten Kirche *St. Mary the Virgin* erwarten, die noch innerhalb des Ringes steht. Doch die Ernüchterung folgt beim Betreten des Geländes: Ist auf dem älteren Luftbild (Abb. S. 73 oben) wenigstens noch der Bereich um die *Basilica*, das öffentliche Verwaltungsgebäude, in der Mitte sichtbar, so lassen heute nur noch die unterschiedlichen Höhen des Halmwuchses im Boden stellenweise erahnen, was man sehen könnte, wenn man dürfte. In einem unerforschlichen Ratschluß war der Hampshire County Council zu der Erkenntnis gekommen, die Vermehrung des Getreideüberschusses für wichtiger zu halten als die Bewahrung eines einzigartigen römischen Stadtensembles. Alles, was in mehreren Grabungskampagnen zwischen 1866 und 1962 freigelegt worden war, und alles, was noch ausgegraben werden könnte, ist zugepflügt und unzugänglich: das Forum,

die Basilika, die Tempel, das große Gasthaus (*mansio*), die öffentlichen Bäder, die Läden, Häuser und Straßen und vor allem auch die südlich der Basilika gelegene Kirche. Gäbe es nicht die Historic Buildings and Monuments Commission, sähe alles noch trauriger aus. Diese Institution verwaltet die Mauer und Teile des außerhalb gelegenen Areals. Mit geringen finanziellen Mitteln ausgestattet, kann sie gelegentliche Ausgrabungen durchführen. So wurde zwischen 1981 und 1982 das Amphitheater wieder zugänglich (Abb. S. 73 obere Mitte). Es liegt am Ostrand der Stadt, wurde wahrscheinlich zwischen 43 und 70 n. Chr. errichtet und faßte maximal 9000 Zuschauer, was für ein weites Einzugsgebiet spricht. Gut erhalten sind zwei ursprünglich wohl überdachte Nischen (westliche Nische Abb. S. 73 untere Mitte). Man vermutet, daß sie – wie vielleicht auch an anderen Orten, z. B. im walisischen Caerleon (*Isca Silurum*) – Statuen der Schicksals-Göttin *Nemesis* enthielten. Angesichts der unsicheren Überlebenschancen der Gladiatoren, die hier gegeneinander kämpften, wäre das durchaus verständlich. Eine alternative Erklärung, dies seien Ruheräume für die Kämpfer gewesen, dürfte an der vergleichsweise geringen Fläche scheitern.

1975 wurde das Südtor ausgegraben, 1976 das Südosttor und 1991 das Nordtor (Abb. S. 73 unten). Der Blick vom Nordtor geht über das unsichtbare *Calleva Atrebatum* in Richtung Basilika und Kirche.

Südeingang des Amphitheaters.

Westnische des Amphitheaters, früher möglicherweise Standort einer Statue der Schicksalsgöttin Nemesis.

Blick vom Nordtor über das wieder überdeckte Ausgrabungsgelände in Richtung Kirche.

SILCHESTER UND SEINE KIRCHE

Ziegelstempel aus der Zeit Neros (54–68 n. Chr.). Inschrift siehe Haupttext.

Bleisiegel mit Chi-Rho und Omega (das Alpha ist durch Beschädigung verlorengegangen).

Reiche Bewohner, Einheimische und Römer

An der Stadt, die auch in vorrömischer Zeit besiedelt war, wurde bis ins 4. Jahrhundert hinein gebaut. Ein erster Höhepunkt, mit Anlage des exakten Straßenrasters, dürfte in die Zeit Neros fallen (54–68 n. Chr.); aus dieser Zeit stammt ein Ziegelstempel mit seinem Namen NERO[O] CL[AUDIUS] CAE[SAR] AUG[USTUS] GER[MANICUS] (Abb. links). Die öffentlichen Gebäude, vor allem die Basilika und die Bäder, wurden immer wieder vergrößert und verschönert, Privathäuser erhielten Mosaikfußböden, der Fund eines fein ziselierten, goldenen Fingerringes mit blauem Onyxstein weist auf geschmackvollen Wohlstand. Unklar aber ist nach wie vor, welche Rolle die Stadt im römischen Britannien spielte. Vermutlich war es eine *civitas peregrina*, eine Stadt mit überwiegend eingeborener Bevölkerung, die gegen Ende des 2. Jahrhunderts oder im Zuge des Aufenthalts von Septimus Severus in Britannien (208–210) aufgewertet wurde. Der Kaiser zog nach Schottland und brauchte im Süden zuverlässigen Rückhalt. Das in Treue bewährte *Calleva Atrebatum* könnte da zum *municipium* oder sogar zur offiziellen *civitas*, dem Sitz einer Lokalverwaltung, gemacht worden sein. Tatsächlich ist über Unruhen oder Aufstände unter den dort ansässigen *Atrebates* nichts bekannt. Das Areal der Stadt umfaßte 43 Hektar; nimmt man die sicher festgestellten Häuser zum Ausgangspunkt, dann dürfte die Bevölkerung kaum mehr als 2000 Menschen umfaßt haben. Dazu kamen die Bewohner der Vororte, die durch die zahlreichen Stadttore (mindestens fünf sind gesichert) Zugang zum Handelszentrum hatten. Da eine gut ausgebaute Straße die Stadt direkt mit London verband, war die Rolle als Marktplatz und Zwischenstation auf dem Weg von und nach Westen

SILCHESTER UND SEINE KIRCHE

Das Christus-Monogramm

Christliche Symbolik wurde aus dem Neuen Testament abgeleitet und war auch in Britannien früh verbreitet. Eine der neuesten Entdeckungen wurde 1990 in einem Grab bei Shepton Mallet in Somerset gemacht: Hier wurde ein Silber-Amulett mit einem Kreuz gefunden, dessen Gestaltung das *Chi-Rho*, die beiden griechischen Anfangsbuchstaben des Namens Christi, erkennen läßt (Abb. links oben, in doppelter Größe). 1975 wurde der Silberschatz von Walter Newton (*Durobrivae*) entdeckt, der älteste bisher gefundene christliche Silberfund im ganzen römischen Reich. Auf mehreren Silberdreiecken ist deutlich das *Chi-Rho* umrahmt von *Alpha* und *Omega* zu erkennen. Das gleiche Symbol für Anfang und Ende in Christus (Offenbarung 22, 13 u. a.) findet sich auch auf dem aus Blei gefertigten Taufbecken von Icklingham in Suffolk (Abb. Mitte und unten). Mit einem Durchmesser von rund 80 cm und einem Fassungsvermögen von ca. 175 l war es für kleine, lokal bewegliche Taufzeremonien bestens geeignet. Zehn solcher transportabler Taufbecken sind bisher in Britannien gefunden worden.

Üblicherweise wird die Einführung des Christus-Monogramms auf die Vision zurückgeführt, die Konstantin vor der Entscheidungsschlacht gegen seinen Mitregenten Maxentius im Jahre 312 hatte. Wir haben darüber drei Berichte, gleich zwei von Konstantins Hofhistoriker Euseb, den anderen von seinem Hauslehrer und Philosophen Laktanz. Die knappste und nüchternste Darstellung bietet Laktanz. Dort heißt es:

„Im Schlaf wurde Konstantin ermahnt, das himmlische Zeichen Gottes auf den Schilden (seiner Soldaten) anzubringen und so vorbereitet die Schlacht zu beginnen. Er tat wie befohlen, und indem er den Buchstaben X (d. h. das griechische *Chi*) umlegte und die Spitze umbog, brachte er Christus auf den Schilden an." (*De mortibus persecutorum*, 44, 5).

Die Formulierung des Laktanz läßt vermuten, daß Konstantin ein konkretes Bild vor Augen hatte. Und da auch Eusebs Berichte keineswegs voraussetzen, daß der Kaiser die Form des Zeichens erstmals in der Schlafvision sah, ist es wohl auf ihm bereits bekannte Modelle zurückzuführen. Unter den hier gezeigten Formen kommt das *Chi-Rho* aus Shepton Mallet der Beschreibung am nächsten.

SILCHESTER UND SEINE KIRCHE

Kirche von Silchester: Apsis-Mosaik in schwarz-weißem Schachbrettmuster, das ein gleichschenkliges Kreuz erkennen läßt.

gesichert. Daß auch die Römer selbst sich hier immer wohler fühlten, mag zum Siedlungsabbruch in der Mitte des 5. Jahrhunderts geführt haben: Mit dem Rückzug der römischen Verwaltung und des Militärs aus Britannien verschwindet die Stadt aus der Geschichte.

Die Christen treten auf

Bei den Ausgrabungen im Bereich der Basilika wurde ein Bleisiegel gefunden, das trotz seiner Beschädigung deutlich das Christus-Monogramm erkennen läßt, die ineinander verschränkten griechischen Anfangsbuchstaben des Namens Christi, *Chi* und *Rho* (Abb. S. 74 unten). Sichtbar ist rechts auch ein *Omega*, dem ein *Alpha* gegenübergestanden hatte, wie es auf der anderen Seite noch erhalten ist: Nach Offenbarung 1.8, 22.13 u.a. das Zeichen für Anfang und Ende als Symbol des gottgleichen Christus. Da dieses Siegel bei einem öffentlichen Gebäude gefunden wurde, könnte es in amtlichem Gebrauch gewesen sein. Dies aber wäre frühestens 313 n. Chr. möglich gewesen, als Konstantin und Licinius das Christentum als gleichwertige Religion anerkannten. Es gibt jedoch auch eine andere Möglichkeit: Schon unter Constantius Chlorus, dem Vater Konstantins des Großen, der als Herrscher des Westreichs von 293 bis 297 und in seinem Todesjahr 306 in Britannien residierte, waren die Christen weit mehr als früher toleriert. Die neuere Forschung ist sicher, daß weder er noch sein Sohn, der 306 an seine Stelle trat, die anderswo im Reich katastrophale Christenverfolgung Diokletians mitmachten. So könnten also gerade hier, in Britannien, schon vor 313 Christen im Beamtenapparat unverdeckt gewirkt und christliche Siegel zumindest im kirchlichen oder privaten Gebrauch benutzt haben. Erst als dieses Christusmonogramm (nach den Berichten von Euseb und Laktanz) dem Konstantin vor der Entschei-

Die Kirche von Silchester bei ihrer Wiederausgrabung 1961. Am unteren Bildrand der Bereich des Ziegelboden-Baptisteriums.

SILCHESTER UND SEINE KIRCHE

Rekonstruktion der Kirche von Silchester. So könnte sie frühestens in der Mitte des 4. Jahrhunderts, nach der offiziellen Etablierung des Christentums im römischen Reich, ausgesehen haben. Die Vorgängerbauten sind wohl auf Steingrundlage mit Holzwänden erbaut worden.

dungsschlacht gegen Maxentius 312 in einer Vision erschien, war der Weg frei, es auch als offizielles Staats- und Verwaltungssymbol einzusetzen. Man darf also keineswegs ausschließen, daß Konstantin mit diesem Zeichen bereits durch seine Kontakte mit hochrangigen Christen in Britannien gut vertraut war.

Nicht weniger schwierig ist die genaue Einordnung der Kirche von *Calleva Atrebatum*. Unmittelbar südöstlich vom Forum wurde 1961 ein 13 m x 9 m großes Gebäude wiederentdeckt, das ein Portal, ein Mittelschiff, zwei Seitenschiffe und eine nach Westen ausgerichtete Apsis besaß (Abb. S. 76). Das Mittelschiff hatte einen weitgehend zerstörten, einfachen roten Mosaikboden, und in der Apsis fand man ein schwarzweißes, schachbrettartiges Mosaik, das in der Mitte ein gleicharmiges Kreuz erscheinen läßt (Abb. S. 76, Rand). Die ge-

ringe Größe des Baus und die überaus zurückhaltende christliche Symbolik (es muß natürlich offen bleiben, wie Wände und Altartisch aussahen) lassen auf ein sehr frühes Datum schließen. Auch die Tatsache, daß die Apsis noch nicht nach Osten ausgerichtet ist, sondern nach Westen, spricht für eine sehr frühe Zeit, als die „Normen" des Kirchenbaus noch nicht festgelegt waren.

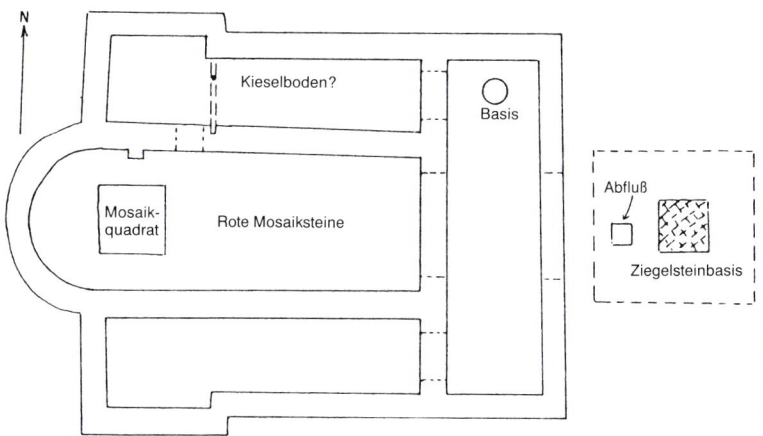

Skizze der Kirche und des Baptisteriums von Silchester, Ende 3., Anfang 4. Jahrhundert n. Chr.

Auffällig ist darüber hinaus ein aus Ziegelboden bestehender, nur 1,2 m² großer Bereich, der 3,5 m östlich des Eingangs gefunden wurde (Skizze S. 77 unten). Hier dürfte ein Taufbecken gestanden haben, und zwar wohl ein transportables, wie es an anderen britischen Orten gefunden wurde (siehe Block S. 75). Auch diese Überlegungen sprechen für eine Phase, in der sich die Christen ihrer rechtlichen Rolle im römischen Reich noch nicht völlig sicher sein konnten. Ob die Kirche ein ganz aus Stein bestehender Bau war, wie eine heutige Rekonstruktion nahelegt (Abb. S. 77 oben), muß offenbleiben. Spezifische Funde legen nahe, daß in Silchester häufig nur die Grundmauern der nichtprivaten Gebäude aus Stein, alle anderen jedoch aus Holz und Ziegeln gebaut waren. Eine interessante Äußerung des Historikers und Theologen Laktanz, der unter Konstantin als Lehrer und Erzieher am Trierer Hof wirkte, könnte in diese Situation passen:

Laktanz erwähnt (*De Mortibus Persecutorum*, 15, 7), daß Constantius einmal dem Druck der nichtchristlichen Umgebung nachgab und die Zerstörung christlicher Versammlungsräume (*conventicula*) zuließ, „und zwar der Wände, die wiederhergestellt werden konnten." Diese Bemerkung spricht dafür, daß es hier nicht mehr um Versammlungsräume in Privathäusern ging, sondern um separate Gebäude. Und sie spricht zugleich dafür, daß Constantius nicht eine radikale Zerstörung dieser Gebäude zuließ, sondern, im Zwiespalt des Kompromisses, diejenige der leicht reparablen Holzwände. Ein unscheinbares, kaum erkennbares Mosaikkreuz wie jenes in der Apsis der Kirche von Silchester oder ein ohnehin transportables Taufbecken wären davon nicht berührt worden.

Vor diesem Hintergrund ist durchaus denkbar, daß die Kirche von Silchester noch in die Zeit des Constantius Chlorus gehört, in die neunziger Jahre des 3. Jahrhunderts. In diesem Fall wäre sie nicht nur die älteste bisher entdeckte Kirche nördlich der Alpen, sondern eine der ältesten, vielleicht sogar die älteste Kirche, die als solche gebaut wurde – im gesamten römischen Reich.

KAPITEL I.10

DER WENDEPUNKT: YORK UND KONSTANTIN

Als Konstantin nach dem Tode seines Vaters Constantius am 25. Juli 306 in *Eburacum* (York) zum *Augustus* des Westreichs erhoben wurde, waren die Erwartungen groß. Denn während sich der Vater weitgehend neutral verhalten hatte, galt der Sohn als christenfreundlich. Man schloß das vor allem daraus, daß er sich der diokletianischen Christenverfolgung verweigert hatte, obwohl er zu dieser Zeit am Hof Diokletians in Nikomedia lebte.

York, die Stadt, von der Konstantin auszog, um Kaiser des gesamten Reiches zu werden, heute Sitz eines der beiden Erzbischöfe der englischen Staatskirche, ist bisher kaum auf Spuren dieser Zeit untersucht worden. Die beschädigte und verwitterte Büste Konstantins gehört zu den wenigen großen Funden.

Büste Konstantins des Großen als junger Mann, York.

DER WENDEPUNKT: YORK UND KONSTANTIN

Karte der wichtigsten römischen Siedlungsorte, Straßen und Fundstätten in Britannien bis ins 4. Jahrhundert n. Chr.

Hintergründe

Gegen Ende des 3. Jahrhunderts hatten die Römer das von ihnen eroberte und verwaltete Britannien vorbildlich erschlossen (Karte auf dieser Seite). Zwar war ihnen Schottland weitgehend unzugänglich geblieben – die Mauer Hadrians und der antoninische Wall dienten eher dem Schutz vor der dortigen Bevölkerung und der Sicherung der südlicheren Gebiete als der Markierung einer Etappe auf dem Weg nach Norden –, doch selbst in den westlichen und südwestlichen Gebieten von Wales und Cornwall, in denen überragende Funde noch fehlen, ist römische Präsenz nachweisbar. So lief seit dem 3. Jahrhundert fast der ganze Zinnhandel über Cornwall; ein Meilenstein Konstantins des Großen wird heute in der Kirche von St. Hilary gezeigt und demonstriert, daß römische Organisation bis in diesen Winkel vorgedrungen war. Das östliche Wales bietet sogar zwei der frühesten Beispiele für die Christianisierung der Insel: In Caerleon (*Isca Silurum*) und Caerwent (*Venta Silurum*) finden

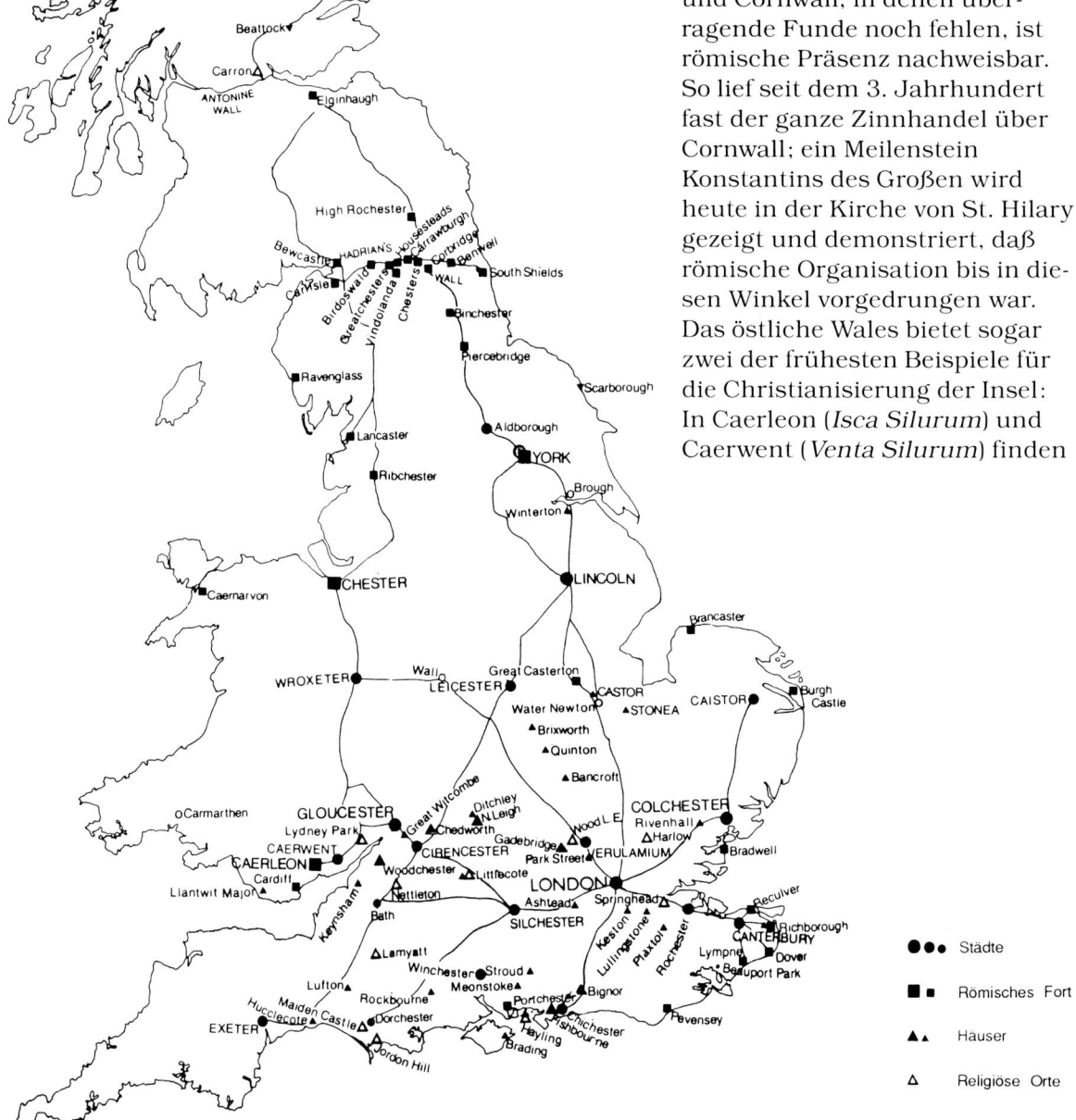

sich Reste, die in vorkonstantinische Zeit zurückreichen könnten – die Hauskirche im sogenannten „Haus XXII Nord" und der „Schrein des Kopfes" in der *Insula* XI sind noch umstrittene Beispiele aus Caerwent, und die zwei Märtyrer Aaron und Julius waren wohl zur Zeit der Verfolgung unter Decius in Caerleon ansässig, als hier die zweite augusteische Legion stationiert war.

Solche Beispiele ließen sich fortsetzen; sie zeigen uns, daß Konstantin unmittelbar nach seiner Erhebung zum *Augustus* des Westreiches in York im Jahre 306 innerhalb eines durchstrukturierten Gebiets operieren konnte, in dem das Christentum bereits weit verbreitet war.

York selbst, *Eburacum*, war von Kaiser Septimius Severus (193–211) zur *colonia* erhoben worden und wurde im Zuge der Verwaltungsaufteilung Britanniens in *Britannia superior* und *Britannia inferior* zur Hauptstadt des kleineren, nördlich gelegenen Bereichs, der *Britannia inferior*, ernannt. Das genaue Datum ist nicht bekannt, dürfte aber zwischen 197 und 216 n. Chr. liegen. Zumindest theoretisch hatte von da an York gleichen Rang mit London, der Hauptstadt des anderen Teiles. Severus selbst hielt sich Anfang 211 in der Stadt

Freskenwand im Verwaltungsraum der principia *von York unter dem heutigen Münster. spätes 3. Jahrhundert n. Chr.*

Multangular Tower *(Vieleckiger Turm) der römischen Stadtbefestigung von York. Grundelemente um 70 n. Chr., ausgebaut unter Constantius gegen Ende des 3. Jahrhunderts, mit Resten der Stadtmauer. Höhe des erhaltenen Restes: ca. 5,50 m.*

auf und starb dort am 4. Februar.

Erst Constantius nutzte die Stadt dann wieder als Residenz, zum letzten Mal im Jahre 306. Dort starb er am 25. Juli. Sein Sohn Konstantin mag es für unangenehm gehalten haben, an einem Ort zu residieren, der gleich zweien seiner Vorgänger schon nach kurzer Zeit zur Sterbestätte wurde. So blieb er hier nur kurz; erst im Herbst 313, Monate nach dem Mailänder Edikt, mit dem das Christentum anerkannt wurde, kehrte er noch einmal nach Britannien und York zurück.

Spärliche Reste

Was heute in York zu sehen ist, stammt im wesentlichen aus der Zeit des Contantius. Ein herausragendes Monument ist der sogenannte *Multangular Tower*, der noch auf Vorgängerbauten aus der Gründungsphase Yorks seit dem Jahre 70 n. Chr. zurückgeht (Abb. S. 81 unten). Den Namen verdankt er seinen zehn Ecken. Die Mauern sind rund 1,50 m dick und etwa 5,50 m hoch; die ursprüngliche Höhe dürfte weit darüber gelegen haben. In diesem Bereich wurden auch römische Sarkophage und vor allem ein gut erhaltener Abwasserkanal gefunden, der mit dem Kölner System verglichen werden kann (Abb. S. 48). Mit seiner Länge von 46 m und einer Höhe von bis zu 1,5 m kann er nicht ganz so bequem begangen werden wie jener in Köln, doch ist auch er für Besucher zugänglich. Seine Entdeckung im Jahre 1972 ließ – bisher vergeblich – auf weitere Funde in diesem Areal hoffen.

Auf dem Bild des *Multangular Tower* sind Reste der Festungsmauer zu sehen, die unter Constantius – und möglicherweise noch später im Auftrag seines Sohnes – erheblich verbessert und ausgebaut wurde. Die 4 m hohen und 11 m langen Mauerreste geben zumindest einen Eindruck von der Wucht der Anlage, zu der auch der sogenannte *East Corner Tower* gehörte, der nur noch bis zu einer Höhe von 2,70 m erhalten ist. Auch an anderen Stellen der alten römischen Stadtfläche sind noch Mauerteile sichtbar.

Was die genauere Beschreibung der Stadt zur Zeit der Wende heute noch erschwert, sind die wenigen Funde innerhalb des Mauerringes. Die starke innerstädtische Bebauung macht systematisches Arbeiten kaum möglich; man muß sich zur Zeit mit wenigem begnügen. So sind beim St. Sampson's Square unter dem Mail Coach Inn Reste einer umfangreichen Badeanlage zu sehen. Vielleicht die interessantesten Funde sind unter dem *Minster*, dem Münster von York, zugänglich. Während baulicher Sicherungsmaßnahmen wurden dort Teile der *principia* entdeckt, des Hauptquartiers der römischen Garnison. Kleinfunde wie Theatermasken und Figurinen werden in ihrer Bedeutung bei weitem von den Wandmalereien übertroffen, die in einem hinteren, großen Verwaltungsraum gefunden wurden (Abb. S. 81 oben). Nach sorgfältiger Rekonstruktion gehören sie heute zu den eindrucksvollsten römischen Fresken in Britannien. Es ist ohne weiteres denkbar, daß dieser Raum, der ans Ende des 3. Jahrhunderts datiert werden kann, von Constantius und seinem Sohn benutzt wurde.

Vater, Mutter, Sohn und die Veränderung der Weltgeschichte

Nichts scheint untypischer für unsere Vorstellungen von römischer Kaiserherrlichkeit als die Familie, deren politisches Handeln dem Christentum zum Durchbruch als Reichsreligion verhalf. Constantius (Abb. oben), später auch Constantius Chlorus genannt, wurde am 31. März 250 n. Chr. als Sohn einfacher Leute in Illyricum, dem heutigen Dalmatien, geboren. Er bewährte sich schon in seiner Jugend als Soldat und Offizier und lebte als Statthalter der Provinz Dardanien (heutiges Serbien) in Naissa (Nisch an der Nissava), als er sich in eine Gasthausbesitzerin namens Helena verliebte (Abb. Mitte). Es war einem hochrangigen römischen Offizier und Verwaltungsbeamten nicht gestattet, eine „eingeborene", nichtrömische Frau zu heiraten. Die zwei lebten inoffiziell zusammen und zeugten einen Sohn, den sie Constantinus (Konstantin) nannten (Abb. unten). Das genaue Geburtsjahr ist umstritten – 285 oder schon 272/273. Der Tag selbst (27. Februar) wurde später in Naissa zum mehrtägigen Festtag bestimmt. Constantius machte weiter Karriere. Der Mitkaiser Diokletians, Maximianus, ernannte ihn zum Präfekten der

Münze des Constantius, Trierer Prägung, nach 293 n. Chr.

Münze der Helena, Gedächtnisprägung durch ihren Enkel Constantius II. in Konstantinopel (Byzanz) im Todesjahr 329.

Münze Konstantins des Großen, geprägt in der Münzstätte Siscia in Pannonien (heute das ungarische Šišak). Der noch sehr jugendliche Typus läßt ein Datum unmittelbar nach 314 annehmen, als Konstantin die Herrschaft auch über die Donauprovinzen erhielt.

Meilenstein des Maximianus, bis 305 Augustus des Westreichs, und seines Unterkaisers (Caesar) Constantius. Der Stein wurde zwischen 293 und 305 n. Chr., als Constantius seinen Bereich vorwiegend von Trier aus verwaltete, 2200 m vom Westtor des römischen Köln an der Straße von Trier nach Köln aufgestellt.
NOBILISSIMIS CAESARIBUS CO(N)STANTINO ET MAXIMINIAN(O) INVICTIS A C(OLONIA) A(GRIPPINENSIUM) L(EUGA) I = *„Den edlen Herrschern Constantius und Maximianus, den Unbesiegten. Von Köln 1 Leuga." (Das Entfernungsmaß Leuga entspricht 2200 m.)*

Am Beispiel dieser Meilenstein-Inschrift wird auch das Verwaltungssystem nach der diokletianischen Reichsreform von 293 erklärbar. Es gab zwei Oberkaiser (Augusti), einer für das Ostreich – Diokletian selbst, der sich zugleich als Erster unter den Gleichen ein Mitspracherecht im Westen sicherte –, und einer für das Westreich – Maximianus. Jeder dieser beiden hatte einen „Unterkaiser" oder *Caesar;* Diokletian wählte Galerius, Maximianus entschied sich für Constantius, der 305 seine Nachfolge antrat und mit dem er auf dem Kölner Meilenstein gemeinsam erscheint.

Prätorianergarde. Er trennte sich von Helena und ihrem gemeinsamen Sohn, um Theodora zu heiraten, die Stieftochter des Maximianus. Auch mit ihr hatte er Kinder, darunter drei Söhne, doch Konstantin galt für ihn stets als Erstgeborener und Erbe. So sorgte er weiterhin für ihn und seine Mutter. Konkubinat und uneheliche Kinder galten in der römischen Gesellschaft als durchaus akzeptabel, auch die Trennung von der „Konkubine" um einer Karriereheirat willen wurde so lange akzeptiert, wie für die „Entlassenen" auch weiter gesorgt wurde. Genau dies tat Constantius. Soweit wir wissen, blieben Helena und Konstantin in seiner Nähe, und als Constantius 293 von Maximianus zum *Caesar* von Gallien und Britannien erhoben wurde, nahm er beide mit in seine Haupt-Residenzstadt Trier (siehe den Meilenstein links). Von dort wurde Konstantin an den Hof Kaiser Diokletians nach Nikomedia, der Hauptstadt Bithyniens, geschickt. Beim Kaiser genoß er eine vollständige militärische und geistige Ausbildung. Hier begegnete er auch dem Rhetor und Philosophen Laktanz, der sich unmittelbar vor der Christenverfolgung Diokletians 303 zum christlichen Glauben bekannte, überlebte und 317 von Konstantin als Erzieher seines eigenen Sohnes nach Trier berufen wurde.

Es gibt die Vermutung, daß Helena Jüdin oder doch eine dem Judentum sehr nahe stehende „Gottesfürchtige" war, ehe sie später zum Christentum fand. Das muß Spekulation bleiben. Sicherer ist, daß Konstantins Stiefmutter Theodora *Christin* war. Ihr Bekenntnis zum Glauben in offiziell ja noch keineswegs ruhiger Zeit – wenige Jahre vor der großen diokletianischen Christenverfolgung – ging immerhin so weit, daß sie die zweite Tochter, die sie mit Constantius hatte, *Anastasia* nannte, zu deutsch: „Auferstehung". Und das dürfte wohl kaum ohne das Einverständnis des Vaters, ihres Mannes, möglich gewesen sein.

Vor diesem Hintergrund ist manches tolerante, christen-

DER WENDEPUNKT: YORK UND KONSTANTIN

freundliche Verhalten, mancher Kompromiß im Handeln des Constantius, noch besser verständlich. Und es liegt nahe, daß Konstantin selbst vom toleranten bis prochristlichen Leben und Wirken am Trierer Hof des Vaters und der Stiefmutter nicht unbeeindruckt blieb.

Konstantin war bei seinem Vater in York, als dieser am 25. Juli 306 sechsundfünfzigjährig starb. Die Truppen riefen ihn sofort zum Nachfolger des Vaters aus, der zu diesem Zeitpunkt gerade ein Jahr lang *Augustus* des gesamten Westreichs gewesen war.

Auf halbem Wege: Doppeldeutige Symbolik

In der Zwischenzeit, in der Constantius und damit anfangs sein Sohn Konstantin lebten, einer Welt zwischen römischem Vielgötterglauben, Monotheismus und Christentum, konnten mehrdeutige Aussagen, Texte und Inschriften entstehen. Ein Beispiel dafür ist das berühmte „SATOR"-Quadrat, das an mehreren Orten im römischen Reich gefunden wurde (u. a. auch in Pompeji, wo es vor der Zerstörung der Stadt durch den Vesuv im Jahre 79 n. Chr. angebracht worden sein muß!), zweimal auch in Britannien (Abb. links). Das vollständige Exemplar aus Cirencester (*Corinium Dobunnorum*) befindet sich auf einem Stück Wandverputz (Abb. unten rechts). Der zweite Fund stammt aus Manchester (*Mamucio*) und wurde dort auf einem Abfallhaufen der römischen Garnison gefunden. Es handelt sich um eine Amphorenscherbe mit fragmentarischem Text. Übereinandergestellt sind die Worte

R O T A S
O P E R A
T E N E T
A R E P O
S A T O R

„Die Räder/Mit Sorgfalt/Hält/Arepo/Der Sämann."

Der Spaß des Spiels liegt darin, daß wie in einem Palindrom von oben nach unten, links nach rechts und unten nach oben mit immer gleicher Aussage gelesen werden kann. Doch die Vieldeutigkeit beginnt bereits beim Wort *Sator*, das nicht nur (wie meist

„SATOR"-Palindrom aus Manchester, Ende 2. Jahrhundert n. Chr. Vervollständigte Amphorenscherbe. Es muß offen bleiben, ob die unbeschädigte Amphore die Inschrift trug oder ob sie erst nach dem Zerbrechen auf einer großen Scherbe (Ostrakon) angebracht wurde.

„SATOR"-Palindrom aus Cirencester, angebracht in einem Stück Wandverputz, das in abgefallenem Zustand gefunden wurde. Ende 2. Jahrhundert n. Chr.

übersetzt wird) „Sämann" heißt, sondern auch „Schöpfer". Für christliche Leser lag hier schon eine versteckte christliche Aussage, die noch dadurch unterstrichen wurde, daß der Eigenname „Arepo" mit einem A beginnt und mit einem O endet: das berühmte „Alpha und Omega", mit dem Anfang und Ende in Christus symbolisiert werden. Mit dieser Beobachtung kann eine andere Entschlüsselung verbunden werden: Die Buchstaben des Textes ergeben nämlich auch den Anfang des Vaterunsers mit zweimal überstehendem „A" und „O":

```
            P
            A
    A       T       O
            E
            R
    P A T E R N O S T E R
            O
            S
    A       T       O
            E
            R
```

Das 1868 entdeckte Palindrom von Cirencester und das 1978 in Manchester gefundene werden auf das 2. Jahrhundert n. Chr. datiert. Ein sicheres christliches Umfeld ist für diese Zeit an beiden Orten archäologisch noch nicht nachgewiesen worden; dagegen sind – entgegen noch weit verbreiteter Behauptungen – in Pompeji, d. h. vor 79 n. Chr., auch andere Spuren christlicher Inschriften entdeckt worden. Doch vielleicht muß man noch nicht einmal die komplizierte „Paternoster"-Entschlüsselung heranziehen, um die christliche Nutzung und Deutung zu sehen. Denn schon in der ursprünglichen, unveränderten Form ergeben die Wörter „TENET" – von oben nach unten, von links nach rechts und jeweils umgekehrt gelesen – ein gleichschenkliges Kreuz mit der zentralen Bedeutung „ER (der Schöpfer/Christus) HÄLT":

```
    R O T A S
    O P E R A
    T E N E T
    A R E P O
    S A T O R
```

Schon um 165 n. Chr. läßt der in lateinischer Sprache schreibende Apologet Minucius Felix einen Nichtchristen sagen, daß die Christen sich „an geheimen Zeichen und Merkmalen" erkennen (*occultis se notis et insignibus noscunt*, Octavius 9, 2). Und rund drei Jahrzehnte später schreibt Tertullian von der Verehrung des Kreuzes – und Formen seiner Darstellung – unter den Christen (*Apologeticum*, 16, 6–8).

Lange vor Konstantin also wird uns der Rahmen beschrieben, in den solche Palindrome passen. Daß sie für den „uneingeweihten" Betrachter auch nur Wortspiel oder schlichte stoische Lebensaussage sein konnten, kam den Christen dieser Zeit – eben auch bis zu den Anfängen der Herrschaft Konstantins – mit Sicherheit entgegen.

KAPITEL II.1

SCHÄTZE EINER SICH ÄNDERNDEN GESELLSCHAFT

Zur Kunst der römischen Katakomben, die bereits im 2. Jahrhundert einsetzt, gibt es nördlich der Alpen kein Gegenstück. Doch um die Zeit der „konstantinischen Wende" blüht vor allem in Britannien eine christliche Kunst auf, die in ihren Spitzenwerken eine Sonderstellung einnimmt. Die Funde von Lullingstone, Water Newton und Hinton St. Mary sind dafür drei herausragende Beispiele. Selbstverständlich bedienten sich christliche Künstler auch vorchristlicher Typologien. Der Typus des „Orans", des (oder der) Betenden, entstammt beispielsweise der vorchristlichen Bildwelt: Auch in anderen Religionen wurde gebetet. Entscheidend war, wie die Christen damit umgingen.

Lullingstone, Orans, Original mit Rekonstruktion, 4. Jahrhundert.
Jetzt British Museum, London.

Eine Villa am Fluß

Auch die Römer genossen bereits das Leben auf dem Lande, und einige von ihnen hatten sich dafür eine der schönsten Ecken der heutigen Grafschaft Kent ausgesucht: Lullingstone, ein Stück westlich des Dorfes Eynsford, am linken Ufer des Darenth. Daß hier einmal etwas Außergewöhnliches gestanden hatte, wußten lange nach einer fast völligen Brandzerstörung der Villa im 5. Jahrhundert noch die Angelsachsen, die im frühen 7. Jahrhundert in diesem Areal eine Kirche errichteten. Auch gegen Ende des 18. Jahrhunderts wußte man von einem römischen Haus, doch erst 1949 begannen systematische Grabungen (Abb. gegenüber, oben). Nach zwölfjähriger Arbeit stand dann fest: Schon um 60 n. Chr. war hier eine Villa erbaut worden, die mehrmals den Besitzer wechselte, stets erweitert und verschönert wurde und schließlich im 4. Jahrhundert einer christlichen Familie gehörte, die einen der Räume zu einer repräsentativen Kapelle ausbaute. Während die christlichen Häuser Londons aus indirekten Indizien erschlossen werden müssen, ist das Beweismaterial hier über jeden Zweifel erhaben. Denn selbst wenn die Darstellungen der Betenden (Abb. gegenüber, Mitte) theoretisch auch von Nichtchristen hätten angebracht werden können, so ist dank des großen „Chi-Rho" mit Alpha und Omega (Abb. gegenüber, unten) völlig klar, daß wir es mit Christen zu tun haben.

Schwieriger allerdings gestaltet sich die Frage, wann diese Funde in die Baugeschichte von Lullingstone einzuordnen sind.

Das erste Haus, zur Zeit Neros erbaut, war bereits ein Steinhaus, das eine besondere Einrichtung besaß: einen vertieft angelegten Raum, der von der Westseite des Hauses über eine Treppe und vom Eingang aus mittels einer Rampe erreicht werden konnte. In dieser ersten Bauphase dürfte es sich um einen Vorratskeller gehandelt haben – Getreide, aber auch Wein hätten hier eine kühle, wohltemperierte Lagerung gehabt. Es war, auch in der Lage vergleichbar, eine kleinere Variante des Haustyps, wie er auch in Wittlich (Abb. S. 42 oben) Pate gestanden haben dürfte, angelehnt an einen Hügel und dadurch auch architektonisch geprägt.

Gegen Ende des 2. Jahrhunderts tritt ein Besitzer auf, der grundlegende Veränderungen vornimmt. Eine Badeanlage wird installiert, ein Brunnen und Nebengebäude werden angelegt, vor allem aber wird aus dem tiefgelegenen Kellerraum eine Kultstätte: Drei Nymphen erscheinen auf einem Wandgemälde in einer Nische, und in der Mitte des Raumes wird in den Boden eine mit Wasser gefüllte Vertiefung eingelassen. So verführerisch der Gedanke wäre, in dieser Grube ein Taufbecken zu sehen, das sich gewissermaßen nur zufällig gegenüber einer dann älteren Nymphendarstellung befand, so wenig wahrscheinlich ist das gerade aufgrund des Zusammen-

SCHÄTZE EINER SICH ÄNDERNDEN GESELLSCHAFT

Die Villa von Lullingstone im heutigen Zustand. Am oberen Rand das große Fußbodenmosaik; die christlichen Räume lagen über dem Bereich, der am rechten Bildrand angeschnitten ist.

hangs. Ein Kult, der um (Wasser-) Nymphen kreiste, war mit einer solchen Wassergrube verbunden. Und ihn an solcher Stelle – nahe am Fluß, nahe am Grundwasser – zu pflegen, mag den römischen, vorchristlichen Bewohnern ein naheliegender Gedanke gewesen sein.

Die Orantes (Betenden) von Lullingstone nach der Restaurierung.

Das Chi-Rho-Christusmonogramm von Lullingstone, restauriert. Deutlich erkennbar ist die kunstvolle Dekoration, die dem christlichen Symbol einen zusätzlichen feierlichen Rahmen gab.

89

*Gegenüber:
Silbergefäß der Innocentia und der Viventia aus dem Schatz von Water Newton. Zwischen dem nur fragmentarisch erhaltenen letzten Wort der Widmungsinschrift (...RUNT) und dem ersten Wort (INNOCENTIA) wiederum das Chi-Rho-Monogramm mit Alpha und Omega.*

Der 28teilige Silberschatz von Water Newton (Durobrivae), heute im British Museum, London.

Das Silbergefäß des Publianus aus dem Schatz von Water Newton. Sichtbar ist hier das Christusmonogramm mit Alpha und Omega zwischen dem letzten Wort des Textes links (HONORO) und dem ersten Wort rechts (SANCTUM). Der Besitzername ist in den Fuß des Gefäßes geschrieben.

Als die ersten *christlichen* Bewohner in Lullingstone erschienen, muß ihnen diese begünstigte Lage entgegengekommen sein: Jedenfalls bauten sie ihren Gottesdienstraum unmittelbar über dem „Kultkeller", und es ist keineswegs auszuschließen, daß sie die „Nymphengrube" tatsächlich auch als Baptisterium benutzten. Ein solches Verhalten würde gut zu einer grundlegenden Strategie christlicher Werteveränderung passen: Der christliche Kult und seine Symbole treten sichtbar an die Stelle der alten, „heidnischen", die dabei keineswegs notwendigerweise zerstört werden müssen. In der Tat blieben selbst in der Phase, in der die großen christlichen Wandmalereien angebracht wurden, auch in anderen Räumen der Villa mythologische Szenen der griechisch-römischen Götterwelt erhalten.

Denn während das Haus im 3. Jahrhundert vorübergehend unbewohnt blieb, traten kurz vor der Jahrhundertwende noch einmal durchgreifende Veränderungen ein. Der Kultraum wurde offensichtlich umgewidmet. Zwei ältere Büsten, die hier untergebracht wurden, lassen auf eine Form des Ahnenkultes schließen. Vor allem aber wurde der Mittelraum der Villa mit kostbaren Fußbodenmosaiken ausgeschmückt. Der Raub der Europa durch Zeus

SCHÄTZE EINER SICH ÄNDERNDEN GESELLSCHAFT

(Jupiter) in Gestalt eines weißen Stiers ist eine der zentralen Szenen, erläutert von einem lateinischen Zweizeiler, der sich an Ovids *Metamorphosen* anlehnt. Kunst und literarische Bildung gehen hier Hand in Hand, mit einer Selbstverständlichkeit, die auch in christlichen Kreisen damals noch – anders als heute – gepflegt wurde. Ein anderes Beispiel dafür ist das *Proiecta*-Kästchen vom Esquilin in Rom (siehe Rand S. 92). Noch in der gleichen Generation von Bewohnern, spätestens um 330 n. Chr. (kaum erst gegen Ende des Jahrhunderts, wie manche Forscher noch meinen) ist jedenfalls in Lullingstone ein allem Anschein nach unkompliziertes Nebeneinander von christusgläubigen und mythologie-verpflichteten Bewohnern festzustellen:
Noch bis ins 5. Jahrhundert hinein blieben nämlich auch die „heidnisch" ausgeschmückten Räume unverändert und unbeschädigt in Benutzung, während oberhalb des alten Kultraums und nebenan die wohl ältesten erhaltenen, eindeutig christlichen Wohnraumfresken nördlich der Alpen entstanden.

Allerdings sind diese Fresken auch ein unmißverständliches Signal: Das große *Chi-Rho* im Vorzimmer zur eigentlichen Kapelle, bewußt gewaltiger als die alten Fresken im *Nymphaeum* eine Etage tiefer, erhob bereits den Anspruch der über-ragenden Macht. Und die Betenden in der Kapelle, dargestellt (auch im Gesichtstyp) wie Betende in Trauer, die einen Toten umgeben (ebenfalls betend, aber vor einem stilisierten, den Tod symbolisierenden Vorhang),

machen dem Betrachter klar, daß der Totenkult, wie er im ehemaligen *Nymphaeum* noch praktiziert wurde, keine Funktion mehr hat. Wer um seine Toten trauert, und wer dies als Christ im Gebet tut, der weiß, daß Anfang und Ende – aber auch die Verheißung der Auferstehung – konkret in Christus liegen, nicht in alten mythischen Vorstellungen. Die Kunst der Villa von Lullingstone zeigt dieses Gegen- und Nebeneinander subtil und eindrücklich zugleich.

Reichtümer im Boden

1975 kam es zu einem sensationellen Fund, dessen Bedeutung bis heute weltweit unübertroffen ist. In Water Newton, dem römischen *Durobrivae*, wurde ein mehrteiliger Silberschatz entdeckt, der nicht nur an Umfang und Wert herausragt, sondern auch in die früheste konstantinische Zeit gehört (Abb. S. 90 oben). Vergleichbares ist bisher an keiner anderen Stelle des gesamten Römischen Reiches aufgetaucht. Erst der sogenannte

Drei Silberplättchen aus dem Water-Newton-Schatz. Solche dünnen Stücke wurden – ähnlich den vorchristlichen Votivtafeln – an Wänden und transportablen Gegenständen angebracht, in christlichem Zusammenhang auch am Altar. Ein (hier nicht abgebildetes) Stück trägt die Inschrift IAMCILLA VOTUM QUOD PROMISIT CONPLEVIT, „Iamcilla hat das Gelübde erfüllt, das sie versprach". Ähnliche Formulierungen gab es auch in nichtchristlichen Votivtafeln; erst das Christus-Monogramm sichert den christlichen Kontext. Auf diese Weise sind uns insgesamt vier Christen der Gemeinde von Durobrivae bekannt: Publianus und die drei Frauen Innocentia, Viventia und Iamcilla.

Brautkästchen aus dem Silberschatz der Proiecta. Auch dieser 1793 auf dem Esquilin in Rom gefundene Schatz unterstreicht noch für die zweite Hälfte des 4. Jahrhunderts das Miteinander vor- bzw. nichtchristlicher und christlicher Motive in einer Familie. Unter dem Brautpaar, Secundus und Proiecta, findet sich eine Darstellung der Venus bei der Morgentoilette – eine beliebte mythologische Szene. Doch der Text darunter lautet: SECUNDUS ET PROIECTA. VIVATIS IN CHRISTO – Secundus und Proiecta, lebt in Christus.

Auch unter der römischen Kirche SS Giovanni e Paolo wurden in einem römischen Wohnhaus des 2.–4. Jahrhunderts Fresken mit christlichen Betenden unweit einer großen Venus-Szene entdeckt.

SEVSO-Schatz aus dem römischen Pannonien (heute zwischen Ungarn und dem ehemaligen Jugoslawien aufgeteilt), der Anfang 1990 in die Schlagzeilen geriet, könnte ihm Konkurrenz machen. Doch der *SEVSO*-Schatz, dessen Herkunft nach wie vor ungeklärt ist, mag an künstlerischem und materiellem Wert noch bedeutender sein, er ist auch erheblich später und kann erst gegen Ende des 4. Jahrhunderts entstanden sein. Eine Gemeinsamkeit haben dieser Schatz und die Funde von Water Newton: Sie wurden unter nicht-archäologischen Umständen gefunden (im Fall von Water Newton mit einem Metalldetektor), d.h., man weiß nicht, wo genau, in welchem exakten Areal, sie aufbewahrt, versteckt oder verlassen wurden. Nähere Aussagen über die Christen von Water Newton sind daher zur Zeit ebensowenig möglich wie über die Person des Seuso (wie der Name in heutiger Umschrift lautet) und sein soziales, topographisches Umfeld. Im Falle von Water Newton kommt erschwerend noch hinzu, daß die römische Siedlung *Durobrivae* noch gar nicht ausgegraben ist. Aus der Luft kann man zwar (ähnlich wie bei Silchester) den rund 18 ha großen Bezirk mit dem Verlauf der Mauer sowie ein römisches Lager erkennen – doch die eigentliche Arbeit bleibt noch zu tun. Ob, wiederum ähnlich wie in Silchester, eines Tages Spuren einer frühen christlichen Kirche auftauchen: Niemand kann es zur Zeit sagen. Sicher ist bestenfalls, daß die nahe Peterborough in Cambridgeshire gelegene Stadt inmitten fruchtbarsten Bodens gebaut wurde und daß dies seinen Einwohnern zu überdurchschnittlichem Wohlstand verholfen haben dürfte. Darüber hinaus läßt sich zeigen, daß es die einzige Stadt in einem dort archäologisch festgestellten Zentrum des römischen Keramikhandels und der eisenverarbeitenden Industrie war. Die Straßenanbindung war ideal zwischen London im Süden und Lincoln (*Lindum*) und York (*Eburacum*) im Norden. Dazu kam der Fluß Nene, der schiffbar war und unmittelbar nördlich der Stadt verlief.

Auch die Christen Durobrivaes scheinen von dem landwirtschaftlich-industriellen Wohlstand profitiert zu haben. Der Silberschatz, der aus neun Gefäßen und neunzehn mit christlichen Symbolen versehenen Tafeln und Anhängern besteht, setzt eine Kirche voraus, die es sich leisten konnte, schon früh zu zeigen, daß es nicht nur den „Heiden" gutging. Der Fund von *Durobrivae* nennt sogar Namen einzelner Christen (wie es auch der pannonische *Seuso*-Fund tut). Das größte der Gefäße (Abb. S. 90 unten) trägt auf dem Boden die Namensinschrift *Publianus* und auf dem oberen Rand den Text SANCTUM ALTARE TUUM DOMINE SUBNIXUS HONORO. Auf der Abbildung gut sichtbar ist das von Alpha und Omega eingerahmte *Chi-Rho* zwischen HONORO und SANCTUM; nicht sichtbar ist hier die gleiche Unterbrechung zwischen D und OMINE auf der anderen Seite – aus gestalterischen Gründen mitten im Wort. Den Text kann man

SCHÄTZE EINER SICH ÄNDERNDEN GESELLSCHAFT

ungefähr so übersetzen: „Ich, der von Dir abhängt, Herr, ehre Deinen Altar." Auch wenn man nicht mit manchen Interpreten so weit gehen muß zu sagen, daß „Altar" hier als Teil des Ganzen eigentlich schon „Kirche" meint, so ist doch aus dem Wort bereits deutlich, daß die Existenz eines Kirchenraumes vorausgesetzt wird. In der Tat könnte der ganze Schatz mit seinen Trink- und Weingefäßen zur Abendmahlsausstattung der Kirche gehört haben.

Ein kleineres Gefäß trägt oben unterhalb des Randes die Inschrift INNOCENTIA ET VIVENTIA … RUNT (Abb. S. 91 oben). Sichtbar ist zwischen RUNT und INNOCENTIA wiederum das von Alpha und Omega umgebene *Chi-Rho*. Zwei Frauen, Innocentia und Viventia, sind genannt. Was sie taten, kann nur erraten werden, denn das Wort oder die Wörter danach sind verschwunden; nur die Verbalendung „…runt" ist erhalten geblieben. Es dürfte sich jedenfalls um eine Widmungsinschrift handeln.

Ein jüdischer Fund?

Während auch anderswo immer wieder Einzelfunde auf christliche Präsenz deuten – so z.B. der in Mildenhall (*Cunetio*) gefundene Silberlöffel mit dem mittlerweile vertrauten Christus-Monogramm samt Alpha und Omega (Abb. S. 93 Mitte) – ist dann plötzlich in unmittelbarer Umgebung manches nicht mehr so selbstverständlich, wie es auf den ersten Blick den Anschein hat. Im gleichen Mildenhall in Suffolk wurde nämlich neben anderen Prachtschalen und -gefäßen 1941 auch eine besonders kostbare Silberschale gefunden, in deren Mitte der Davidsstern zu sehen ist (Abb. S. 93 oben). Einigkeit herrscht allgemein darüber, daß der Besitzer dieses Silberschatzes ungewöhnlich wohlhabend gewesen sein muß. Wie aber kommt es, daß in der gleichen Sammlung heidnisch-mythologische Szenen (z.B. der Gott Okeanos im Zen-

Die Silberschale aus dem Mildenhall-Schatz mit dem scheinbar jüdischen Davidsstern.

Löffel aus dem Mildenhall-Schatz mit dem christlichen Chi-Rho-Symbol.

Zentralteil des Fußbodenmosaiks von Hinton St. Mary. Hinter dem Christuskopf das Chi-Rho-Monogramm der griechischen Anfangsbuchstaben von CHRISTOS; links und rechts zwei Granatäpfel, in allegorischer Anspielung auf Hohelied 2, 3 und 4, 13.

trum der größten Silberplatte), christliche Zeichen (die *Chi-Rho*-Löffel) und scheinbar Jüdisches (der Davidsstern) ungetrennt verbunden sind?

Für das Nebeneinander von nichtchristlicher und christlicher Symbolik gibt es, wie wir mittlerweile gesehen haben, zahlreiche Vergleichsbeispiele. Doch der Davidsstern? Sein Vorkommen ist ein klassisches Beispiel für die Gefahren, die darin liegen, heutige Symbolik in die Spätantike zurückzuinterpretieren. Denn im vierten Jahrhundert war dieses Hexagramm (zwei ineinanderverschlungene Dreiecke) ebensowenig typisch jüdisch wie vorher oder nachher. Zwar findet man es bereits im 7. Jahrhundert vor Christus auf dem Siegel des Josua Ben Assajahu und ebenso eindrücklich in einem Fries des Neubaus der Synagoge von Kapernaum (4./5. Jahrhundert nach Christus) und in vielen anderen, zweifelsfrei jüdischen Zusammenhängen. Doch gibt es in der gesamten Literatur keine Inanspruchnahme dieses Zeichens als eines jüdisch-religiösen (anders als beim christlichen *Alpha und Omega* und *Chi-Rho*, die von Anfang an auf neutestamentliche Texte zurückgehen).

Erst ab dem 6. Jahrhundert n. Chr. finden sich literarische Indizien für eine ausdrückliche Verbindung von Hexagramm und jüdischem Glauben – wobei das Zeichen in den ältesten Bezeugungen noch nicht Davidsstern genannt wird, sondern „Siegel Salomos". Doch auch danach tritt es – bis ins Mittelalter hinein – häufiger unter Schmuckelementen christlicher Kirchen auf als in der jüdischen Synagogenkunst. Erst seit Gründung des Staates Israel 1949 ist der „Davidsstern" eindeutig jüdisch belegt. Mit anderen Worten: Im Mildenhall-Schatz dürfte er eher von einem Christen oder sogar von einem „Heiden" als Schmuck angebracht worden sein, als von einem jüdischen Angehörigen. Beweisen läßt sich allerdings auch das nicht: Ebensogut denkbar, wenngleich weniger wahrscheinlich angesichts der sozialen Verhältnisse der Zeit, wäre denn ja auch dies: daß es sich um eine jüdische Familie handelte, die weitgehend säkularisiert war (d. h., problemlos griechisch-mythologische Formen integrieren konnte), dann aber zum Christentum konvertierte. Der uns bereits vertraute Verzicht auf die Zerstörung des früheren, nichtchristlichen Besitzes käme dann auch in dieser scheinbar synkretistischen Sammlung anschaulich zum Ausdruck. Auch Kenneth Painters These, die den Schatz dem in Britannien engagierten christlichen General Lupicinus zuschreiben will, der um 361 n. Chr. unter und zum Teil gegen Kaiser Julian Apostata operierte, bleibt reizvolle Spekulation.

Einfacher macht es einem da scheinbar das Christus-Mosaik von Hinton St. Mary in Dorset (Abb. S. 94). Seit 1964 gibt es eine umfangreiche Forschung über dieses 6 x 9 m große Fußbodenmosaik, in der zwar gelegentlich immer noch einmal letzte Zweifel an der christlichen Deutung und Bedeutung aufgebracht werden, die sich jedoch letztlich in einem Punkt einig geworden ist: Es handelt sich hier um die älteste Mosaik-Darstellung Christi in der abendländischen Kunst. Von dem Haus, zu dem es einmal gehört haben muß, wissen wir wenig. Allem Anschein nach haben hier Christen der ersten Jahre nach der konstantinischen Wende der Herausforderung durch nichtchristliche Mythologie (und ihre Darstellung in der Kunst) eine neue, ungewöhnliche Nuance verliehen: So wie es nie ein Problem war, die Götter des Olymp in einer Weise auf dem Fußboden darzustellen, daß man auf sie treten und über sie gehen mußte, so stellten sie hier Christus in gleicher Weise dar: Er, der an die Stelle der alten Götter trat, nimmt nun auch ihren angestammten Platz im Mosaikboden ein. Es mag dabei eine Rolle gespielt haben, daß man sich des irdischen Jesus bewußt war – des erniedrigten, unter dem Kreuzesbalken zu Boden gesunkenen Menschensohnes. Daß er nach römischem Typus als bartloser, jugendlicher Held dargestellt wird, verleiht dieser Bildhaftigkeit noch eine zusätzliche Pointierung. An den vier Ecken des Mosaiks sind Köpfe zu sehen, die wohl die vier Evangelisten kennzeichnen sollen. In einer nachdrücklichen, nunmehr aber neu gedeuteten Anknüpfung an antike Mythologie ist außerdem Bellerophon zu sehen, der die Chimäre tötet: der Sieg des Guten über das Böse.

Christliche Fußbodenmosaike, durch das *Chi-Rho*-Christusmonogramm oder andere Symbole identifizierbar, sind in gleicher Zeit auch in Frampton (ebenfalls in Dorset und stilistisch wohl dem gleichen Künstler zuzuordnen), in Fifehead Neville – gleichfalls Dorset –, Littlecote (Wiltshire) und Pitney (Somerset) gefunden worden. Das Mosaik von Hinton St. Mary überragt sie in seiner Eindeutigkeit und vor allem als hochrangiges Zeugnis einer Epoche im Wandel.

KAPITEL II.2

ZURÜCK AUF DEN KONTINENT MIT KONSTANTIN: TRIER UND KÖLN

Konstantin folgte dem Beispiel anderer Kaiser und begann bald nach seiner Erhebung zum *Augustus* mit einem umfangreichen Bauprogramm, das er im Anschluß an seinen Sieg über den Rivalen Maxentius auch über das Westreich hinaus ausdehnte. Krönender Abschluß wurde die Errichtung seiner neuen Hauptstadt Konstantinopel (früher Byzanz, heute Istanbul) in den Jahren nach 326. Neuere Funde zeigen uns vor allem in seiner westlichen Residenzstadt Trier und in der rheinischen Flottenmetropole Köln, welchen Einfluß der prochristliche Kaiser auf die öffentliche Wirkung des Christentums hatte. Zu den aufsehenerregenden Entdeckungen gehört die ehemalige Palastdecke, die 1945 und 1946 bei Grabungen unter dem Boden des Trierer Doms gefunden wurde.

Porträt eines Philosophen in einem der Quadrate des Deckengemäldes aus dem Trierer Palast. Es wird als Darstellung des Laktanz gedeutet, des christlichen Historikers, Philosophen und Theologen, den Konstantin als Lehrer seines Sohnes Crispus wohl 317 nach Trier holte.

Macht muß sichtbar sein

Schon der Vater, Constantius, hatte 305 mit dem planmäßigen Ausbau Triers begonnen. Sein Sohn setzte das Programm zielstrebig fort. Der Audienzsaal sollte es mit jedem Gebäude Roms aufnehmen können. In sechsjähriger Bauzeit wurde die Palastbasilika errichtet (Abb. unten und gegenüberliegende Seite). Mit seiner Länge von 74 m (einschließlich der Apsis) und einer Breite von 32,50 m überragt dieser Repräsentationsbau den etwa gleichzeitig auf- bzw. ausgebauten „Konkurrenzsaal", den des Galerius in Thessaloniki (53 x 25 m). Aus der Sicht Konstantins war dieses Übertreffen ein wichtiges Signal: Galerius nämlich war seit 305 *Augustus* im Ostreich, und seine Wahl Thessalonikis als Residenz stellte die Stadt in den unmittelbaren Vergleich mit dem Gegenüber im Westen, Trier. Das Miteinander der beiden Reichshälften war keineswegs immer harmonisch; Signale mit Außenwirkung konnten auch innenpolitisch eine Rolle spielen. Tatsächlich gelang es dann auch Galerius sechs Jahre später, 311, umgekehrt den Konstantin zu übertrumpfen. Denn nicht der längst als prochristlich bekannte Konstantin erließ das erste offizielle Toleranzedikt zugunsten der Christen, sondern Galerius in Thessaloniki. Erst zwei Jahre später folgte das

Innenraum der Konstantinsbasilika, Trier, heute als evangelische Kirche genutzt.

berühmter gewordene Mailänder Edikt des Konstantin und des Licinius, das nun auch das Westreich erfaßte. Und bis in einzelne Formulierungen kann man Anlehnungen an Galerius erkennen.

Konstantins Trierer Palastbasilika war nicht nur imposant; sie enthielt auch den Luxus, den man sich als Kaiser im kühleren Norden leisten mußte. Der über 2400 m² große Raum wurde von einer Fußbodenheizung erwärmt, die mit Unterboden- und Wandtrennwänden ausgerüstet war, durch die einzelne Abschnitte des Saals separat geheizt werden konnten. So konnte Konstantin den Effekt erzielen, winterliche Besucher über 50 kalte Meter zurücklegen zu lassen, ehe sie dann kurz vor seinem Thron in die Wärme kamen, in der er sie empfing.

Während die Außenwände auch damals nur wenig schmuckvoller waren als heute (Abb. oben) – sie waren mit Ziegelputz überzogen und im Fensterbereich mit kleinen Ornamenten ausgeschmückt –, muß man sich das Innere erheblich prachtvoller als den heutigen Kirchenraum vorstellen, als der die Basilika seit 1856 genutzt wird (Abb. S. 98). Die Wände waren mit Marmorplatten verkleidet; noch heute lassen sich bis zur Höhe der oberen Fensteretage die alten Dübellöcher sehen, an denen die Platten gehalten wurden, die zum Teil farbig mit den verschiedensten Motiven bemalt waren. Auch der Saalboden war mit Marmorplatten belegt.

Sieht man die Basilika heute vom Park aus, mit dem bischöflichen Palais des 17. Jahrhunderts im Vordergrund (Abb. oben), kann man etwas von der Größe des Gebäudes ahnen, das ja kein ganzes Palais war, sondern nur ein „einfacher" Audienzsaal sein sollte. Doch auch das, was heute erhalten geblieben und nach Kriegsschäden restauriert worden ist, birgt noch Überraschungen: So gab es offensichtlich teilweise großflächige Neben-

Nordseite der Konstantinsbasilika mit heute unverputztem Mauerwerk.

Blick von Westen auf bischöfliches Palais und Konstantinsbasilika. Links im Hintergrund neben der Basilika ein Turm der Doppelkirchenanlage (Liebfrauen/Dom).

gebäude; 1985 und 1986 wurden Bodenreste eines mosaikgeschmückten Saals entdeckt, der zusammen mit ebenfalls aufgefundenen Teilen einer Badeanlage zu einer palastartigen Wohnung gehört haben könnte. Da man an der westlichen Wand der Basilika schon 1983 und 1984 Türen bzw. ehemalige Öffnungen entdeckte, liegt die Vermutung nahe, daß man vom Empfangssaal direkt in Büros und – für den Kaiser – auch in private Gemächer gelangen konnte. Einen weiteren Palast besaß Konstantins Familie in dem Bereich, in dem er die erste Trierer Kirche bauen ließ. Aus ihr erwuchs noch im 4. Jahrhundert eine große Doppelkirchenanlage (Modell unten). Die räumliche Nähe zur Basilika ist vom Park aus gut zu erkennen – der Turm im Hintergrund zwischen den Bäumen und der Basilika (Abb. S. 99 unten) markiert den Bereich.

Die erste Kirche Konstantins

Wo heute die Liebfrauenkirche und unmittelbar nebenan der Dom (Abb. S. 101 oben) zu sehen sind, befanden sich ursprünglich, seit dem 1. Jahrhundert, Wohnhäuser mit Geschäften. Erst Anfang des 4. Jahrhunderts kam es zu umfangreichen Renovierungs- und Ausbaumaßnahmen. Einer dieser neuen Räume erhielt die 10 x 7 m große Deckenmalerei, von der bereits die Rede war. Im 9. Jahrhundert, als man von dieser Decke nicht mehr (bzw. noch nicht wieder) wußte, kam die Legende auf, daß genau hier das Haus der Helena, der Mutter Konstantins, gestanden habe. Helena habe es selbst in eine Kirche umbauen lassen – aus der dann der heutige Dom geworden sei. Richtig ist, daß die Deckenmalerei unter dem Boden des heutigen Doms gefunden wurde: vielleicht tatsächlich eine

Modell der Doppelkirchenanlage im 4. Jahrhundert, aus Südosten. Rechts der Vorgängerbau des heutigen Doms, links derjenige der Liebfrauenkirche.

Bestätigung jener *Vita Helenae*, in der 500 Jahre danach von den Dingen erzählt wurde. Richtig ist auch, daß man noch heute an der Nordseite des Doms – stellenweise bis zu einer Höhe von 25 m – die Mauern der alten Kirche dieser Zeit Helenas und Konstantins erkennen kann (Abb. rechts Mitte). Was aber tatsächlich geschah, gehört zu den noch ungeklärten Rätseln am Hof des christlichen Kaisers. Denn als unmittelbar nach Kriegsende unter dem Boden wenige Meter vor der Apsis Tausende von Bruchstücken einer Freskomalerei gefunden wurden, waren zu vielen Fragen nicht Antworten, sondern weitere Fragen gekommen.

Noch heute sind nicht alle Reste der zum Teil neuen, ergänzenden Funde zusammengesetzt; ein eigenes Labor im Bischöflichen Museum ist damit befaßt (Abb. S. 102 links). Nachdem 1967 und 1968 fehlende Teile gefunden worden waren, arbeitete ein Restauratorenteam fünfzehn Jahre, bis die Malereien der Decke soweit restauriert waren, daß sie öffentlich ausgestellt werden konnten. Dabei kam ihnen die Beobachtung entgegen, die auch jetzt noch genutzt wird: Die zahllosen einzelnen Putzstücke, auf denen die Farbe aufgetragen worden war, zeigten nämlich auf der Rückseite Mörtel-Abdrücke des hölzernen Lattengeflechts, mit der der bemalte Deckenputz in seiner Lage gehalten wurde. Die Struktur dieser Holzlattenabdrücke ist so unverwechselbar, daß man die zum Teil winzigen Einzelstücke zusammensetzt, indem man nur

auf die Rückseite achtet (vgl. auch Abb. S. 102 links) und sich das so wieder zusammengesetzte Stück erst zum Schluß, als fertiges Ergebnis, auch von der anderen Seite ansieht.

Was die Restauratoren Welter und Steffny mit den Ausgräbern und ihren Mitarbeitern leisteten, gehört zu den herausragenden Errungenschaften der modernen

Die Nordostseite des heutigen Doms in Blickrichtung konstantinischer Nordwand.

Teil der Nordwand des Doms im Originalstein der konstantinischen Zeit.

Blick in das Labor, in dem Wand- und Deckenbemalungsreste aus der konstantinischen Doppelkirche rekonstruiert werden.

Mögliches Porträt der Helena (oben) und der Fausta (unten) aus dem Deckengemälde des ehemals auf dem Gelände des heutigen Doms stehenden Hauses der konstantinischen Zeit. Der goldfarbene Nimbus hinter den Köpfen entstammt der vorchristlichen Porträtmalerei und wurde zur Kennzeichnung von Herrschern oder auch Göttern benutzt. Erst in der Entwicklung der christlichen Kunst wurde daraus später der „Heiligenschein".

Archäologie. Ihre Arbeit führte aber auch zu einer erstaunlichen Feststellung: Die prunkvolle Decke mit ihren fünfzehn Feldern war nur wenige Jahre nach ihrer Anbringung wieder abgeschlagen worden. Und wiederum einige Jahre später wurde im Bereich dieses Prunksaals und weitflächig um ihn herum die große Kirche gebaut, aus der der heutige Dom wurde. Unter den Versuchen, auf dieses seltsame Geschehen eine Antwort zu geben, scheint der folgende am sinnvollsten:

321 heiratete Konstantins ältester Sohn Crispus, der aus einer vorehelichen Verbindung mit der Minervina stammte. Aus diesem Anlaß hätte der Palastraum mit Porträts einzelner Personen des Hofes ausgeschmückt werden können. Doch 326 läßt Konstantin seinen Sohn hinrichten. Der Vorwurf lautete (so lassen es die nicht ganz klaren Quellen vermuten) auf Ehebruch mit Fausta, Konstantins Frau. Auch Fausta wurde wenig später auf Befehl Konstantins durch Ersticken im Bade hingerichtet. Beide, Sohn und Stiefmutter, wurden anschließend nachweislich durch die *damnatio memoriae*, d. h. durch die Auslöschung der Erinnerung in Form von Inschriftenentfernungen u.a., zu unerwähnbaren Personen. Es wäre da nur konsequent, auch eine solche Festbemalung wieder zerstören zu lassen.

Theodor Kempf, der die Gemäldereste 1945 entdeckt hatte, vermutete, daß die besonders ausgeprägt christliche Kaiserinmutter Helena (zu deren Palast jener Raum ja möglicherweise gehörte), als Sühne für diese vielleicht rechtskonforme, aber doch grausame Handlungsweise ihres Sohnes, an die Stelle des Palastes eine Kirche bauen ließ – jene Kirche, deren Nordwand zweifelsfrei aus dieser Zeit stammt und unter deren Boden die Deckenmalerei gefunden wurde.

Wer die dargestellten Personen tatsächlich sind, ist gleichfalls noch nicht eindeutig geklärt. Daß der Philosoph (Abb. S. 97) Laktanz sein könnte, wird weithin vertreten. Aber ist die Dame, die durch ihre Position in der Mitte der Felder hervorgehoben wird, tatsächlich Helena, die Mutter Konstantins (Abb. unten)? Ist die junge Frau mit dem Spiegel jene Fausta, mit der Konstantin fünf Kinder hatte und die er 326 hinrichten ließ? Sind in anderen

Feldern Constantia, die Schwester Konstantins (seit 313 mit seinem östlichen Mitherrscher Licinius verheiratet), und Helena, die Frau des Crispus, dargestellt? Möglich ist es, beweisen läßt es sich noch nicht. Vielleicht werden die noch laufenden Rekonstruktionen der *Wand*bemalung eines Tages Aufschluß bringen.

Eine Kölner Sonne

Das tragische Geschehen im Hause Konstantins stellte den Kaiser zu einem Zeitpunkt in Frage, als er mit Nachdruck gerade wie ein Christ handeln und entscheiden wollte. Im Vorjahr hatte unter seiner Leitung das Konzil von Nicäa stattgefunden (20. Mai bis 19. Juni 325). In einer taktischen Meisterleistung hatte der Kaiser den Streit zwischen zwei machtvollen Flügeln, den Arianern (die Jesus nur für gottähnlich hielten) und den „Orthodoxen" (die ihn für gottgleich erklärten) formal beendet und zur Besiegelung der Gottgleichheit Christi das noch heute gebetete Nizänische Glaubensbekenntnis beschließen lassen. Nur wenig später an die menschliche Fehlbarkeit in seiner eigenen Familie erinnert zu werden, dürfte kaum spurlos an ihm vorübergegangen sein. Das große Kirchenbauprogramm, das dann auch anderswo im Reich einsetzte, hat hier wohl ebenso einen Hintergrund wie in der architektonischen Umsetzung des theologischen Programms von Nicäa oder dem Sühnebedürfnis der Kaiserinmutter Helena. Die stete Erinnerung

an die Fehlbarkeit auch des gläubigen Menschen (und man muß sich vor Augen halten, daß Konstantin zu diesem Zeitpunkt noch nicht einmal getauft war) läßt sich aber auch an der Kunst der Zeit ablesen – so z.B. an der kostbaren Schliffglasschale aus Köln, die zu dieser Zeit entstand und Adam mit Eva am Baum des Paradieses zeigt: die Szene des ersten menschlichen Ungehorsams gegen Gott (Abb. oben).

Mit dem Trierer Hof, namentlich mit Kaiserinmutter Helena, wurde dann eine Kölner Kirche verbunden, die ungeachtet dieser nunmehr nachweislich legendären Verbindung Spannendes zu bieten hat: St. Gereon, seit dem Mittelalter auch *ad aureos sanctos*, „zu den goldenen Heiligen", genannt (Abb. S. 104). Im Nordwesten vor der römischen Stadtbegrenzung lag schon seit dem 1. Jahrhundert n. Chr. ein

Schliffglasschale mit Adam und Eva am Paradiesesbaum, Köln, 1. Hälfte des 4. Jahrhunderts.

St. Gereon, Köln. Blick auf Apsis und Türme.

Nordwand von St. Gereon. Rest aus der ersten Bauphase mit roter Ziegel-Sonne.

großes Gräberfeld. Mitten in diesem Gräberfeld wurde im 4. Jahrhundert eine ovale Kirche errichtet, deren Typus den frühchristlichen Gedächtniskirchen und Kapellen auch an anderen Orten des Römischen Reiches entspricht. Doch wann, und für wen? Helena starb Ende 329. Erst viel später, um 590, läßt der fränkische Historiker Gregor von Tours anklingen, daß mit den „goldenen Heiligen" die Märtyrer der Thebaischen Legion gemeint sind, jene christlichen Soldaten und Offiziere, die sich vor 269, vielleicht bei decischen Christenverfolgungen dem Befehl verweigerten. Fünfzig Angehörige der Legion, die zeitweise auch in Köln stationiert gewesen sein soll, seien daraufhin hier auf Befehl Maximinians hingerichtet worden. Obwohl der Name *Gereon* für den Anführer des Kölner Kontingents erst später auftaucht, könnte Helena von dem Ereignis als solchem – seine Authentizität vorausgesetzt – noch gewußt haben; und zur Zeit der nächsten Verfolgung war sie mit ihrem Sohn am Hof Diokletians. Doch selbst wenn die Erzählung davon, daß man die Leichen in einen Brunnen geworfen habe, über dem die Gedächtniskirche dann errichtet worden sei, bis heute unbelegt ist (trotz vieler Versuche hat man den Brunnen nicht gefunden), bleibt doch die architektonische Tatsache des typischen Gedächtnisbaus.

Ein Rätsel also – aber *eine* Antwort gibt es mittlerweile: Seit 1949, im Zuge des Wiederaufbaus der im Krieg stark beschädigten Kirche, konnten zuerst Spuren des ersten Baus gefunden werden. Auch goldfarbene Mosaiksteine wurden gefunden – ihnen verdankte die Kirche den „goldenen" Beinamen. Und dann kam es zur entscheidenden Entdeckung: Im Fundament des Nordwestpfeilers fand der Archäologe Armin von Gerkan einen Altarstein der Göttin Isis (Abb. S. 105). Der beschädigte Text ist weitgehend rekonstruierbar: ISIDI/MYRIO/NYMO/...TIUS/...US/ (EX)VOTO/SUSCEPTO/S(OLVIT) L(IBENS) M(ERITO) L(OCO) D(ATO) D(ECURIONUM) D(ECRETO).

Auf deutsch: „Für Isis mit den tausend Namen hat ... tius ... us sein Gelübde dankbar und gern eingelöst. Der Stadtrat stellt den Platz (für den Altar) zur Verfügung."
Scheinbar nichts Aufregendes, denn das Phänomen, daß Christen Elemente heidnischer Kultstätten – auch um deren Überwindung zu demonstrieren – in ihre Kirche integrierten, war auch im 4. Jahrhundert nichts Neues. Allenfalls der hier gezeigte Triumph über Isis könnte Beachtung finden, denn gerade Isis mit ihrem Sohn Horus war häufig – und mißverständlich -- als vorchristliches Gegenstück zu Maria mit dem Jesusknaben interpretiert worden. Doch in einem oberen Dübelloch dieses Isis-Steins wurde eine Münze gefunden – und zwar eine in Trier geprägte Münze des Kaisers Constans, eines Sohnes Konstantins des Großen. Im April 340 erhielt er die Herrschaft über Gallien (mit Trier). D. h.: vor 340 kann die Münze dort nicht hineingelegt worden oder einfach nur hineingefallen sein. Und da nun der Isis-Stein in ein Pfeiler-Fundament eingebaut wurde, folgt wiederum daraus: Vor 340 kann auch die ganze Kirche nicht gebaut worden sein. Zu spät für

Weihestein der Göttin Isis (Inschrift siehe Haupttext). Auf der oberen Platte wurde in einem Loch die nicht früher als 340 n. Chr. mögliche Trierer Münze des Constans gefunden.

Helena, nicht zu spät jedoch für die frühe Bezeugung eines einzigartigen Baus, der etwas Ungewöhnliches bezeugen will, dem die Forschung noch nicht schlüssig auf die Spur gekommen ist.

Ein weiteres Rätsel zeigt sich außen: An dem aus der ursprünglichen Bauphase stammenden Nordwandrest wurde ein Ziegelmuster gefunden, das wie eine Sonne aussieht (Abb. S. 104 Mitte und unten). Sollte dies eine Antwort auf eine weitere Herausforderung sein, der sich das Christentum in dieser Zeit zu stellen hatte? Dem Konstantin war vorgeworfen worden, er verehre zwar nur einen Gott, dies aber sei der Sonnengott, der „Sol Invictus" (siehe S. 117 bis 119). An einer Kirchenaußenwand, sichtbar für die Besucher, könnte die Antwort signalisiert worden sein: Die Sonne, das ist Gott, und in ihm Christus (Psalm 84, 12; Offenbarung 1, 16).

Im Zuge der Restaurierungen wurden Amphoren entdeckt, die man in St. Gereon zur Verstärkung der Gewölbe benutzte. In Tuffmauerwerk bettete man rund 70 cm lange und 45 cm breite Amphoren ein, deren Auswölbung ohne großes Eigengewicht Raum ausfüllte. Eine geniale Lösung, um das Gesamtgewicht des Gewölbes zu senken. Vier dieser Amphoren sind heute in der Krypta der Kirche zu sehen (zwei hier im Bild). Die gleiche Bautechnik wurde – eine interessante Parallele – auch beim Bau des Mausoleums der *Helena* in Rom angewandt (Bild rechts). Das 329 errichtete Mausoleum an der Via Labicana heißt im römischen Volksmund noch heute „Tor Pignatarra" nach den *pignatte*, den Tonamphoren, die zur Gewölbeerleichterung eingebaut wurden.

KAPITEL II.3

Ein Erlass und sein Ort: Mailand, um 313

Nach seiner Eroberung Roms im Jahre 312 traf sich Konstantin ein Jahr später mit Licinius, dem *Augustus* des Ostreiches, in Mailand. Die Stadt *Mediolanum* war seit 286 eine der Kaiserresidenzen des Westreiches: Diokletian hatte am 1. April jenes Jahres den Maximianus zum Mitkaiser, zum *Augustus*, erhoben, und der entschied sich für Mailand als Residenz – ein Status, der dieser Stadt noch bis 402 erhalten blieb. Zwei Vorhaben führten Konstantin und Licinius hier zusammen: Die Hochzeit des Licinius mit Constantia, der Schwester Konstantins und, nach einer Unterbrechung des Aufenthalts – Licinius mußte gegen Maximinus Daia in den Krieg ziehen – am 13. Juni 313 das von vielen schon lange erwartete Ereignis: Die Herrscher beider Reichshälften erlassen das sogenannte „Mailänder Edikt", in dem zum ersten Mal Ost und West gemeinsam das Christentum in den Rang einer vom Staat tolerierten und geförderten Religion erheben. Von diesem historisch bedeutsamen Ort ist heute nur noch wenig zu sehen: Die Reste des alten Kaiserpalastes sind nichts als spärliche Ruinen in einer Seitenstraße.

Mauern eines Flügels des Mailänder Kaiserpalastes, überschattet von modernen Mietskasernen. Via Brisa/Via Gorani.

Spärliche Spuren

Gegen Ende des 4. Jahrhunderts berichtet ein gewisser Ambrosius in einem Brief an seine Schwester Marcellina, daß er auf seinem täglichen Weg zweimal an der *regia palatii* vorbeikommt, unweit des Friedhofs *ad Martyres*. Die *regia palatii*, d.h. der Kaiserpalast, wurde damit von einem Mann erwähnt und topographisch für künftige Archäologen wenigstens ungefähr eingegrenzt, der es wirklich wissen mußte: denn jener Aurelius Ambrosius, um 333 n. Chr. in Trier geboren, wirkte seit ca. 374 als *consularis*, Provinzialstatthalter, für die Provinzen Liguria und Aemilia mit Sitz in Mailand. Als er im Streit um die Bischofsnachfolge vermitteln wollte, wurde er – der noch nicht einmal Getaufte – kurzerhand selbst zum Bischof gemacht. Aus dem unwillig angenommenen Amt gestaltete er eine der einflußreichsten Positionen im ganzen Reich und blieb dem Kaiserpalast auch als Ratgeber und teils als Kontrahent des Gratian, Valentinians II. und Theodosius' I. eng verbunden. Ihm also verdanken wir den ältesten literarischen Hinweis auf die Existenz und die Lage des Palastes, in dem das „Mailänder Edikt" erlassen wurde. Verschiedene Stichproben und Vermessungen haben seit 1943 (dem Jahr der ersten ernsthaften Arbeit) ein weitgestrecktes Areal

Kaiserpalast (regia palatii) von Mailand, Reste an der Via Brisa mit Blick auf einen Teil der (vermuteten) Thermenanlage.

mit mehreren Gebäuden ergeben, im Westen der römischen Stadt und, dem Vorbild anderer Reichsstädte folgend, nahe der Mauer.

Der an der Via Brisa sichtbare Rest (Abb. S. 107, 108, 109) ist in seiner Bedeutung noch immer umstritten. Ein Teil (Abb. S. 107, 109) weist eine kreisförmige, zur Seite offene Rundung auf; ebenso sichtbar sind Apsidenreste, rechteckige Mauern und Säulen. Die Mailänder Archäologen sind sich einig, daß dies alles zum Repräsentationsbereich des Palastes gehörte. Der Mittelteil könnte eine halbkreisförmige *Exedra*, eine Art überdachter, aber in diesem Fall in Richtung Süden offener „Salon" gewesen sein, mit einer Thermenanlage unmittelbar daneben. Auch auf Ähnlichkeiten mit der *Exedra* des Augustuspalastes, der *Domus Augustana*, auf dem römischen Palatin, wurde hingewiesen. Möglich, daß in diesem Bereich der Mailänder Toleranzerlaß vereinbart wurde. Dieses sogenannte „Mailänder Edikt" des Konstantin und des Licinius ist im formalen Sinne eigentlich kein *Edikt*, sondern eine *Vereinbarung* der beiden Kaiser. Erhalten ist sie in zwei Fassungen, die Licinius in den Ostteil des Reiches schickte. Laktanz überliefert sie als Brief an den Statthalter von Bithynien in Nikomedeia (öffentlich bekanntgegeben am 13. 6. 313), Euseb bietet die Fassung, die vermutlich in einem Brief an den Statthalter von Palästina in Caesarea Maritima, gewissermaßen einem späten Nachfolger des Pontius Pilatus, enthalten war. 1990, anläßlich weiterer Untersuchungen im

Reste der Exedra und ihres Vorbaus im Repräsentationsteil des Mailänder Kaiserpalastes, Via Brisa/ Via Gorani.

Umfeld einer großen Ausstellung über Mailand als Hauptstadt des Römischen Reiches, wurden neue Grabungen angekündigt. Man darf gespannt sein, was dann von einem der entscheidenden Orte der christlichen Geschichte noch zutagetreten wird.

Die Erben des Edikts

Konstantin und Licinius (siehe Abb. S. 110) mußten mit einer Teilung des Reiches leben, die Diokletian 286 herbeigeführt und 293 besiegelt hatte; ein Blick auf die Karte (S. 110 oben) zeigt, daß es eine lineare Aufteilung war, die zwischen Italien und Griechenland verlief. Daß sie auch den Balkan zerteilte, hat Folgen, die noch heute spürbar sind: Die Stammes- und Religionskonflikte, die das ehemalige Jugoslawien zerreißen, verlaufen links

EIN ERLASS UND SEIN ORT: MAILAND, UM 313

Karte des Römischen Reiches nach der Reichsteilung unter Diokletian.

Sogenannter Largitio-Teller des Licinius. Mit dieser wertvollen Gabe (largitio = Geschenk, Verleihung) wurde des zehnjährigen Amtsjubiläums des Licinius im Jahre 317 gedacht: Sichtbar ist die Beschriftung der Vorderseite: SIC X/ SIC XX – „Wie zehn, so auch zwanzig (Jahre)". Dieser Wunsch, der bekanntlich nicht in Erfüllung gehen sollte, wird ergänzt durch den Zuspruch „O Licinius, mögest du allzeit siegreich sein".

und rechts dieser alten Linie Diokletians.

Auch zwischen den beiden Kaisern kam es trotz der Mailänder Gemeinsamkeiten zur militärischen Auseinandersetzung. Schon am 8. Oktober 314 wurde die erste Schlacht um die Vorherrschaft im Gesamtreich gekämpft; Konstantin siegte bei Cibalae in Pannonien. Im Herbst 324 dankt Licinius ab und wird nach Thessaloniki verbannt; ein Jahr später läßt Konstantin ihn hinrichten. Nach der Beseitigung des Sohnes (seines eigenen Neffen) ist Konstantin Alleinherrscher; das Reich ist wieder vereint. Nur seine Söhne Constantius und Constans stehen ihm noch als Caesaren zur Seite.

Vor der Mailänder Kirche San Lorenzo Maggiore steht eine Kopie der großen Konstantins-Statue, die einst vom Kaiser selbst in Rom errichtet wurde (Abb. S. 111): Dort trug er das *labarum* in der erhobenen Rechten – die Standarte mit dem Christusmonogramm, dem *Chi-Rho*, in einem Kranz. Erhalten ist davon nur noch eine Kopie (mit leerer rechter Hand) neben dem alten Haupteingang zur von Konstantin den Christen geschenkten Kirche San Giovanni in Laterano in Rom. Die Mailänder Kopie dieser Kopie, nur mäßig gelungen, zeigt gleichfalls nur die leere Rechte – hier wünschte man sich einmal den Mut der Restauratoren, nach der Beschreibung des Euseb eine Rekonstruktion zu wagen.

Vor der Kirche San Lorenzo ist eine Säulenkolonnade des 2./3. Jahrhunderts n. Chr. zu sehen; die noch erhaltenen 16 Säulen gehörten nach widersprüchlichen Quellen entweder zu einer Thermenanlage des Maximianus, zu einem Tempel des Herkules oder zu einem Apollo-Tempel. Das heutige Ensemble (Abb. S. 111) ist ungeachtet dieser noch offenen Frage eine der eindrücklichsten Verbindungen von nichtchristlicher und christlicher Antike im heutigen Mailand.

Sicher ist auch, daß die Kirche auf römischen Fundamenten ruht; die Grundsteine sind offenbar benachbarten, nicht mehr benutzten Gebäuden – vor allem dem Amphitheater – entnommen worden.

Ungeklärt ist noch, ob die Kirche (deren heutiges Äußeres spätmittelalterlich und jünger ist) unmittelbar in der konstantinischen Epoche oder erst einige Jahrzehnte später zur Zeit des Ambrosius erbaut wurde. Die Zentralbau-Architektur spricht für ein eher frühes Datum; es gibt Indizien dafür, daß der ursprüngliche Kirchenraum von Arianern errichtet wurde (jener Richtung, die Christus nicht für gottgleich, sondern nur für gottähnlich hielt) und erst nach dem Konzil von Nicäa (325) in die Hände der orthodoxen Kirche römischer Prägung überging. Das Bildprogramm der *Cappella di Sant'Aquilino* läßt diese Frage offen: Auch Arianer könnten Christus so dargestellt haben – thronend unter den Aposteln, mit den Schriftrollen des Gesetzes und der Evangelien zu seinen Füßen (Abb. S. 112 oben). Die Mosaiken dieser Kapelle (zu der auch eine Darstellung des Elias und einzelne Prophetenporträts gehören) treten im allgemeinen Bewußtsein hinter jenen von Rom und Ravenna zurück. Doch

Blick durch die Säulenkolonnade des 2./3. Jahrhunderts auf den heutigen Eingang der Kirche San Lorenzo Maggiore, Mailand. Zwischen den beiden Säulen ist rechts vor der Kirche die Kopie der Konstantinsstatue mit leerer, erhobener Rechter zu sehen.

Rundbogenmosaik in der Kapelle des Hl. Aquilinus, San Lorenzo Maggiore, 1. Hälfte 4. Jahrhundert. Christus, von Aposteln umgeben, thront über den Gesetzesrollen.

Detail: Die capsa (Schriftrollenbehälter) mit den sechs Rollen zu Füßen Christi.

sie sind älter – älter auch als das kirchenhistorisch überragende Apsismosaik von Santa Pudenziana in Rom (Abb. S. 143). Zum ersten Mal sehen wir hier das programmatische Konzept des herrschenden Christus, der nicht nur über den Aposteln sitzt, sondern auch über dem Gesetz. Zeigt das etwas jüngere Mosaik des Mausoleums der Constantia in Rom (ca. 354 n. Chr.) Christus als den, der die Rolle des neuen Bundes, des Neuen Testamentes, an Petrus und Paulus übergibt, so ist er hier noch ohne diese kirchenpolitisch-programmatische Zuspitzung gezeigt. Die Schriftrolle in seiner Linken enthält statt eines Textes schwarze Mosaiksteine. Später, in der Kirche Santa Pudenziana, wird Christus darin als *conservator* der Kirche bezeichnet werden. Und vom Apsismosaik in Santa Pudenziana unterscheidet sich die Darstellung in San Lorenzo durch ihren Verzicht auf die Heraushebung von Petrus und

EIN ERLASS UND SEIN ORT: MAILAND, UM 313

Paulus. Man kann bestenfalls anhand der Typologie vermuten, daß zur Rechten Christi Petrus sitzt, zur Linken Paulus. Nur Christus herrscht – und die Sechszahl der Rollen in der *capsa*, dem antiken Schriftrollenbehälter zu seinen Füßen (Abb. S. 112 unten), repräsentiert zugleich die Vervollkommnung des Gesetzes: Den fünf Büchern Mose, der *Thora*, ist nun das *eine* Evangelium – die Verkündigung der Botschaft Jesu in ihrer vierfachen Überlieferung als Einheit – hinzugefügt.

Eine Legende kommt und geht

Zu den Kirchen Mailands, die auf die Zeit vor und um Ambrosius zurückgehen, gehört auch Sant' Eustorgio. Ihre Gründung wird mit Bischof Eustorgio in Verbindung gebracht, der für die Zeit von 345 bis 348 nachweisbar ist, aber schon zuvor im Amt gewesen sein dürfte. Ihren eigentlichen Ausbau erfuhr sie allerdings erst in den folgenden Jahrzehnten. Doch ihren zweifellos sogar vorkonstantinischen Ausgangspunkt hat die Kirche in einer frühchristlichen Grablege, die zwischen 1959 und 1962 unter ihr gefunden bzw. gesichert wurde. Dabei könnte es sich auch um eine *cella memoriae* in rechteckiger Form gehandelt haben, die vielleicht u. a. Vorgängern des Eustorgius galt. Der Typus des einfachen Grabes *alla cappuccina* – mit dreiecksförmig gegeneinandergestellten Stein- oder Ziegelplatten als Abdeckung (Abb. oben) geht auf älteste Begräbnisformen zurück, wie sie z. B. in der Nekropole von Ostia

Zwei Bodengräber mit Bedachung „alla cappuccina" unter der Kirche Sant' Eustorgio, Mailand.

Sarkophag der „Drei Weisen" (Sepulchrum trium magorum) in der Kirche Sant' Eustorgio.

Schrein der „Heiligen drei Könige" im Kölner Dom. Goldemaille-Arbeit des Nikolaus von Verdun, ca. 1200.

Antica für das 1. Jahrhundert nachweisbar sind. Die beiden Gräber unter Sant' Eustorgio stammen aus dem 3. Jahrhundert; aus einem von ihnen, in dem man Knochen von drei Personen fand, kommt auch ein Paar goldener Ohrringe; sie gehören zu einem Typus, den man meist eigens für Grabbeigaben anfertigte. Daß die Toten in diesen Gräbern nicht nach einer Feuerbestattung, sondern in einem Erdbegräbnis beigesetzt wurden, *beweist* zwar nicht den christlichen Glauben der Toten und ihrer Angehörigen, macht ihn aber wahrscheinlich: Die Christen führten das jüdische Verbot der Leichenverbrennung fort und nahmen dafür sogar in Kauf, aus Platzgründen Grablegen mehrmals zu benutzen (wie in Sant' Eustorgio), ohne die älteren Knochen zu entfernen oder – wie in Rom und anderswo – kilometerlange Katakomben anzulegen.

In einer oberen Seitenkapelle von Sant' Eustorgio wird der große Sarkophag gezeigt, in dem die Gebeine der „drei Weisen aus dem Morgenland" lagen (Abb. S. 113 Mitte). Der Überlieferung zufolge hatte einst Kaiserinmutter Helena selbst dem Bischof die Reliquien geschenkt. Obwohl auch die Inschrift vom „Sepulchrum trium magorum", dem Grab der drei Magier (= Weisen) spricht, ist bereits diese Dreizahl bloße Vermutung; der Evangelienbericht nennt ihre Zahl nicht: Sie wurde schlicht aus der Zahl der Geschenke abgeleitet... Ihr Leben ist historisch über die Erwähnungen bei Matthäus hinaus zwar nicht belegt, verschiedene spätere Berichte geben sich jedoch Mühe, die „Lücken" zu füllen, und erzählen, daß die Knochen der Toten von Helena, der Mutter Konstantins, gefunden und nach Konstantinopel gebracht worden seien. Von dort habe sie dann Bischof Protasius, der Nachfolger des Eustorgius, nach Mailand geholt. Der große Sarkophag ist seit dem 9. Jahrhundert nachweisbar. 1162 wird Mailand von Truppen Friedrich Barbarossas bei dessen Versuch, die Lombardei zu unterwerfen, gründlich zerstört. Friedrichs Kanzler Reinald von Dassel bringt die Reliquien der Weisen nach Köln, wo sie am 23. Juli 1164 eintreffen und noch heute zu sehen sind, in einem Goldemaille-Schrein des Nikolaus von Verdun (ca. 1200, Abb. S. 113 unten). Erst 1904 wurden einige Teile der Reliquien wieder nach Mailand rücküberführt. Eine anthropologische Untersuchung ergab eine Datierung auf das 1. Jahrhundert n. Chr. – es *könnten* also „echte" Reliquien sein. Alles andere bleibt angesichts der großen zeitlichen Lücke zwischen dem Tod der Männer und dem Einsetzen der Überführungsberichte über Helena im 4. Jahrhundert bloße Spekulation. Nur eines kann mit Gewißheit aus diesem Geschehen abgeleitet werden: Nicht nur in der Verwaltungsordnung des (spät-)römischen Reiches spielte Mailand eine herausragende Rolle, auch die frühe Kirche bemühte sich darum, durch bedeutende Bauten und durch Reliquien neutestamentlicher Gestalten die Sonderstellung dieser Stadt zu unterstreichen.

DAS ZENTRUM WIRD GESICHERT: KONSTANTINS EROBERUNG UND ROMS WEG ZUR CHRISTLICHEN VORHERRSCHAFT

Konstantins Einsatz für das Christentum war radikal und kompromißlos. So zögerte er nicht, Gräber hochrangiger Adelsfamilien zu zerstören, um auf dem vatikanischen Hügel die erste Kirche über dem Grab des Apostels Petrus errichten zu können. Aber er zog auch Verbindungslinien zum Althergebrachten. Das Bild des „Sonnengottes", aus der Mythologie ins Christliche gewandelt, ist uns bereits bekannt. Ein Mosaik des 4. Jahrhunderts, das in der vatikanischen Nekropole gefunden wurde, unterstreicht dieses Denken auf überzeugende Weise. Christus *ist* der wahre Gott, auch der Gott der Sonne. Mit dieser Form der Symbolik konnte man hoffen, gebildeten Nicht-Christen auf ihrer Ebene zu begegnen.

Christus als Sonnengott.
Mosaik des 4. Jahrhunderts in der vatikanischen Nekropole (Julier-Mausoleum).

Monumentalbüste Konstantins des Großen, Konservatorenpalast Rom.

Gegen den Senat

Die Bedeutung Roms war seit der Verwaltungsreform Diokletians ins Marginale abgesunken; das Reich wurde in anderen Städten regiert. Dennoch galten der Senat und das Volk von Rom, *Senatus Populusque Romanus*, nach wie vor als der traditionelle Orientierungspunkt. Auch Konstantin konnte seinen Herrschaftsanspruch über das gesamte Westreich – und letztlich über das ganze Römische Reich – erst erheben, als er Rom in der Hand hatte. Strategisch mag der entscheidende Sieg über den östlichen Rivalen Licinius in der Schlacht bei Chrysopolis am 18. September 324 bedeutsamer gewesen sein – für die Bevölkerung des Reiches ging die prägende Signalwirkung dagegen vom Sieg über Maxentius an der Milvischen Brücke im Nordwesten Roms aus (Abb. unten). Das war am 28. Oktober 312; Maxentius ertrank im Tiber, und Konstantin führte seine Truppen mit dem „*Chi-Rho*" auf den Standarten und Schilden in die Stadt. Eine seiner ersten Handlungen war eine Brüskierung des Senats: Er verweigerte das Dankopfer an Jupiter auf dem Kapitol, das zum traditionellen Zeremoniell jedes Siegers gehörte. Das war keine zufällige Unterlassung: Auch bei der Zehn-Jahres-Feier seines Augustusamtes, das im Juli 315 mehrtägig im Rom gefeiert wurde, und noch einmal im Juli 326, bei der Vicennalienfeier, verzichtet er ostentativ auf diesen Akt. Noch rund zweihundert Jahre danach macht der nichtchristliche Historiker Zosimus genau dies dem Konstantin zum Vorwurf: Wie überhaupt die Hinwendung des Reiches zum Christentum zu dessen Dekadenz beigetragen habe, so sei auch diese Handlung Konstantins ein Beispiel für die schädliche Absage an die althergebrachten Bräuche. Doch Konstantin ging es keineswegs – wie wir bereits gesehen

Die Milvische Brücke, Pons Milvius, wurde 109 v. Chr. als Steinbrücke ausgebaut. Hier schlug Konstantin am 28. Oktober 312 den Maxentius. Die mittleren vier Brückenbogen sind noch heute aus diesem Bau erhalten.

haben – um die Negierung des Althergebrachten. Nur Riten, die in eklatantem Widerspruch zum christlichen Glauben standen, wie das Opfer für eine mythische Gottheit, lehnte er konsequent ab. Auch die überlebensgroße Darstellung seiner eigenen Person, und damit auf die eigene Überhöhung, unterband er dabei keineswegs. Das gehörte zu den Spielregeln, die er einhalten konnte, da er wohlweislich auf jeden Ansatz verzichtete, sich einen gottähnlichen Status zu geben. Die Triumphbüste, die heute im römischen Konservatorenpalast aufbewahrt wird (Abb. S. 116), ist dafür ein unmißverständliches Zeugnis.

Der Senat seinerseits versuchte, seine traditionellen Vorstellungen zu dokumentieren. Im erst seit wenigen Jahren wieder restaurierten und durch noch laufende Ausgrabungen des Umfelds zusätzlich erschlossenen Triumphbogen (Abb. oben), den der Senat ihm 315 errichtete, ist auf jegliche christliche Symbolik verzichtet. Man zeigt ihn statt dessen sogar beim Götteropfer. „Subtile" Rache für die Verweigerung des Jupiter-Opfers auf dem Kapitol? Konstantin ließ den Senat gewähren und revanchierte sich seinerseits mit jener Statue seiner selbst, in deren rechter Hand er das hoch erhobene *labarum* trägt, die Standarte mit dem Christus-Monogramm (vgl. S. 110–111).

Konstantinsbogen. Westseite (aus Richtung Kolosseum). Mit einer Höhe von 21 m, einer Tiefe von 7,40 m und einer Breite von 5,70 m ist er das größte freistehende Monument des kaiserlichen Rom.

DAS ZENTRUM WIRD GESICHERT

Fußbodenmosaik des Sonnengottes Sol/Helios aus Münster-Sarmsheim, Mitte des 3. Jahrhunderts n. Chr.

Christus als Sonnengott. Deckenmosaik im Mausoleum der Julier, Vatikanische Nekropole. Es wurde erstmals im Jahre 1574 von Tiberio Alfarano wiederentdeckt und beschrieben. An den Wänden fand man Darstellungen des Jonas, des Guten Hirten und von Fischern.

Die Politik der Bilder

Dem Phänomen der Sonnenverehrung sind wir bereits mehrmals begegnet – beim Mithraskult und bei der Nordwand der Kölner Kirche St. Gereon. Da ging es um indirekte, bewußt mehrfach interpretierbare Zeugnisse. Eindeutiger sind Belege wie jener Fund aus Münster-Sarmsheim an der Nahe. In der Mitte des 3. Jahrhunderts wurde hier *Helios/Sol* mit seinem Sonnenwagen dargestellt, umgeben von den zwölf Tierkreiszeichen (Abb. oben).

Der heutige christliche Betrachter mag dazu neigen, das in den Bereich des rein heidnischen Kultes zu verweisen. Wie aber hätte ein damaliger Christ, vor allem ein in der jüdischen Tradition des Alten Testamentes kundiger, bei diesem Anblick in Münster-Sarmsheim und vielen anderen Orten des Römischen Reichs reagiert?

Der „Sonnenwagen" und seine Pferde hatten lange im Tempel von Jerusalem gestanden; sie waren ein Geschenk der Könige Judas. Erst Josia zerstörte sie (2. Könige 23,11). Dennoch werden solche Gegenstände auch in der apokryphen Literatur zum Alten Testament immer wieder erwähnt (z. B. Henoch 72,5 + 37, 74,4). Und neuere archäologische Funde in Hammat-Tiberias oder der Synagoge von Beth-Alpha zeigen, daß bis hin zur Tierkreiszeichen-Darstellung die jüdische Kunst der neutestamentlichen und nachneutestamentlichen Zeit keine Scheu vor dieser Bildsprache hatte. Die Darstellung

von Beth-Alpha ist besonders eindeutig und könnte (sieht man von der hebräischen Beschriftung ab) gegen jene von Münster-Sarmsheim fast ausgetauscht werden: In der Mitte sieht man den „Sonnengott" mit seinem Wagen, von einem Sternenhimmel umgeben, der Tag und Nacht symbolisiert. Im Kreis befinden sich die zwölf Zeichen; in den Ecken sind die vier Jahreszeiten dargestellt. Und dies alles nicht in einem Privathaus, sondern in einer Synagoge.

Ein feiner Unterschied mußte hier beachtet werden: Zwar konnte der gläubige Jude seit 1. Mose 1, 14 „Zeichen" am Himmel lesen, doch durfte er sie seit 5. Mose 4, 19 nicht verehren. In der Geschichte des jüdischen Volkes ist das nicht immer befolgt worden. Auch die Christen hatten eine Trennlinie zu beachten: Gott konnte sich der Formen des „Zeitgeistes" für seine Zwecke bedienen, indem er Magier (d. h. Astronomen) aus einer babylonischen Sternwarte den „Stern von Bethlehem" berechnen und ihm bis zum Geburtsort des Messias nach Bethlehem folgen läßt. Für die Menschen dieser Zeit – man merkt das an der Reaktion des Herodes! – war dies ein bedeutsames Signal. Durch nichts wird damit jedoch die Verehrung oder Befolgung von Sternbildern im Alltagsleben gerechtfertigt.

Konstantin und die christlichen Künstler seiner Zeit wußten das. *Christliche* Darstellungen des Sonnengottes mit Tierkreiszeichen gibt es nicht, wohl aber den triumphierenden Wechsel: Nur Christus, so zeigt es – wie in St. Gereon – die Nekropole auf dem vatikanischen Hügel, ist die wahre Sonne. Konstantin ging in seiner Konsequenz noch einen Schritt weiter: Zur Porträtsymbolik römischer Herrscher gehörte seit Aurelian (270-275) der Strahlenkranz auf dem Haupt, wie er den *Sol invictus*, den unbesiegten Sonnengott, schmückte (Abb. oben links). Ab 324 – d. h. noch vor dem Konzil von Nicäa – verzichtet Konstantin jedoch auf sämtlichen Münzen und anderen Darstellungen seiner Person auf dieses mißverständliche Symbol, und er legt das Attribut *invictus* ab, das zu eng mit dem Kult des Sonnengottes verbunden war. Bis heute jedenfalls ist *eine* Verbindung unverändert gültig: Der Tag der Auferstehung Christi wird nicht am Sabbat, sondern am „dritten Tage", dem *Sonn*-Tag, d. h. dem *Dies Solis*, gefeiert.

Und in der Nutzung dieser Tatsache für die christliche Kunst mag sich der Kreis mit der

Altar des „unbesiegten Sonnengottes", 3. Jahrhundert n. Chr. Über dem Kopf mit dem charakteristischen Strahlenkranz die Widmungszeilen INVICTO/SOLI.

Deckenfresko mit dem Propheten Bileam vor Maria und dem Jesusknaben. Priscilla-Katakombe, Mitte des 3. Jahrhunderts n. Chr., vielleicht älter.

DAS ZENTRUM WIRD GESICHERT

Heutige Lateranbasilka, rechts das Baptisterium.

Rom wird eine Stadt der Kirchen

Schon vor der Mailänder Toleranzvereinbarung plante Konstantin die bauliche Christianisierung Roms. Der erste Schritt dazu war der Bau einer Kirche innerhalb der Stadtmauern. Er wählte ein Haus, das sich bereits in kaiserlichem Besitz befand, die *Domus Faustae*, und ließ zusätzlich die danebenliegende Kaserne der Reitergarde niederreißen. Darüber entstand die erste Lateranbasilika, die noch heute als „Mutter und Haupt aller Kirchen der Stadt und des Erdkreises" gilt, formell also über der vatikanischen Peterskirche steht (Abb. oben). Mehrfache Zerstörungen haben zu grundlegenden Veränderungen geführt; ihr heutiges Äußeres verdankt sie dem 17. Jahrhundert. Das Innere läßt die ursprüngliche Form rekonstruierbar erscheinen; deutlich zu erkennen ist Konstantins Plan, die Bauform der kaiserlichen *Basilica* nunmehr christlich zu nutzen und auf diese Weise Christus, den wahren Herrscher, mit einem imposanten „Empfangssaal" auszustatten. Bei einer Länge von 98 m und einer Breite von 56 m kann dieses Vorhaben durchaus als gelungen gelten. Nebenan (rechts auf dem Bild oben) errichtete er über einem heidnischen *Nymphaeum* (vgl. dazu S. 88–90) ein Baptisterium. Ein runder Grundriß wurde von Säulen umgeben. Die *Piscina* (das Taufbecken) in der Mitte konnte über Stufen betreten werden. Mit dieser Architektur machte der Kaiser den Zentralbau für die christliche Baukunst

ältesten bekannten Darstellung Marias und des Jesusknaben schließen (Abb. S. 119 rechts): In der Priscilla-Katakombe wird vor der sitzenden Maria der Prophet Bileam gezeigt. In seiner Messias-Prophezeiung (4. Mose 24, 17) heißt es: „Es wird ein *Stern* aus Jakob aufgehen und ein Szepter aus Israel aufkommen." Diese Wandbemalung ist zeitgleich mit dem Sonnengott-Mosaik aus Münster-Sarmsheim.

Karte der sieben Kirchenregionen Roms mit einigen der antiken, zentralen Kirchenbauten, die durch ein Kreuz gekennzeichnet sind: 1 = Peterskirche, 2 = Santi Cosmas e Damiano, 4 = Santa Pudenziana, 5 = Santa Maria Maggiore, 6 = San Giovanni in Laterano (Lateranbasilika), 7 = Santo Stefano Rotondo, 8 = Santi Giovanni e Paolo, 9 = Santa Sabina, 10 = San Paolo fuori le Mura, 14 = San Sebastiano ad Catacumbas, 18 = San Lorenzo fuori le Mura, 19 = Sant' Agnese fuori le Mura. Die eckigen Felder kennzeichnen Katakomben.

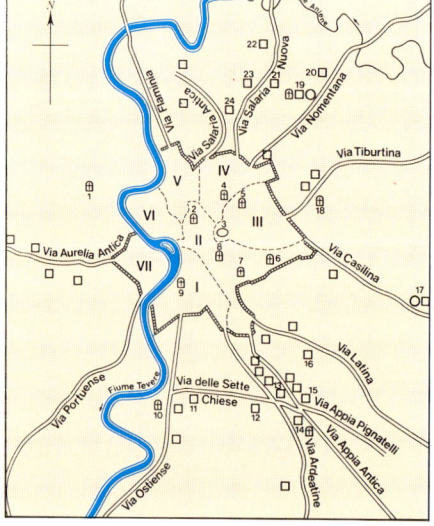

DAS ZENTRUM WIRD GESICHERT

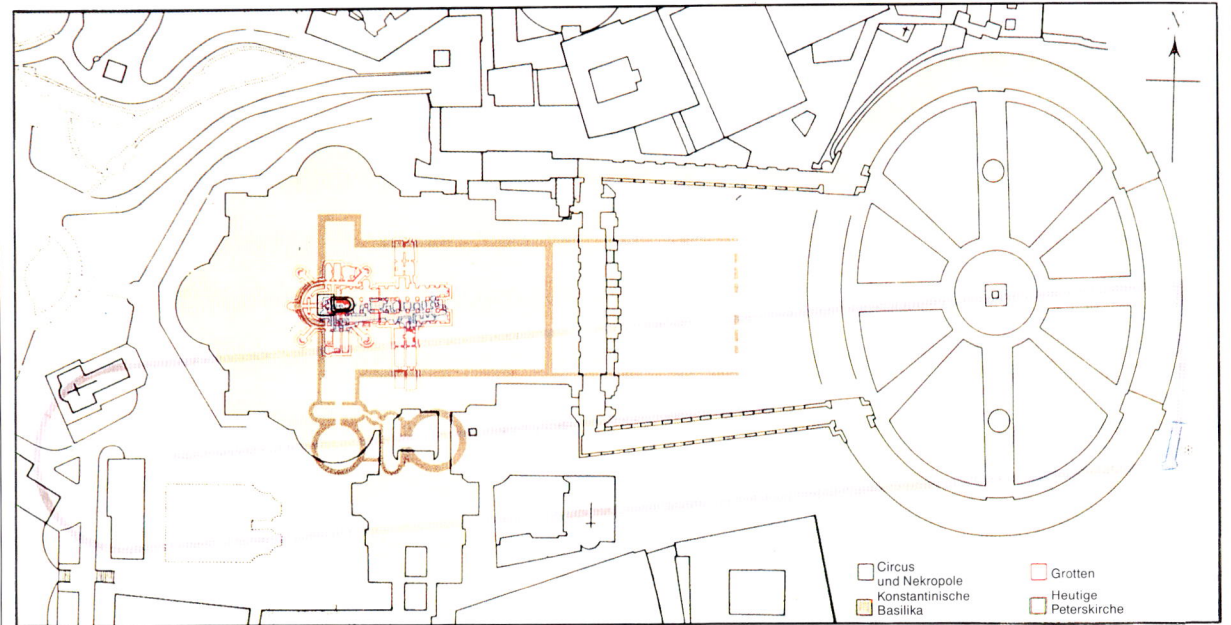

maßgebend. Das heutige Äußere geht auf Papst Sixtus III. zurück, der um 435 aus dem Rundbau ein Oktogon machte und auch im Inneren einige Veränderungen vornahm. Die roten Porphyrsäulen und die Grundform der *Piscina* sind – neben anderen Details – aus dem ursprünglichen konstantinischen Bau erhalten geblieben.

Innerhalb der Stadtmauern ließ Konstantin noch eine weitere Großkirche errichten, Santa Croce in Gerusalemme (siehe dazu S. 127). Auch sie wurde über einem kaiserlichen Haus konstruiert; es war von Kaiser Elagabal (218–222) gebaut worden. Hier residierte Konstantins Mutter Helena, ehe sie und ihr Sohn daraus die Kirche machten – unter Nutzung der 39 x 25 m großen und 22 m hohen Halle, deren Nordwand noch heute von außen erkennbar ist.

Der folgenreichste Bau Konstantins aber war die erste Peters-

kirche auf dem vatikanischen Hügel. (Skizzen oben und unten; Zeichnung S. 122; Foto S. 123). Die baugeschichtliche Skizze (s. oben) verdeutlicht die Lage und ihre Problematik. Unmittelbar neben dem *Circus* des Nero und in einer weiträumigen Nekropole gelegen, konnte das als authentisch erkannte Petrusgrab nur überbaut werden, wenn

Skizze der antiken und heutigen Peterskirche mit Circus des Nero und vatikanischer Nekropole.

Isometrischer Plan des Petrusgrabes (mit dem Tropaion des Gaius) und seiner Umgebung.

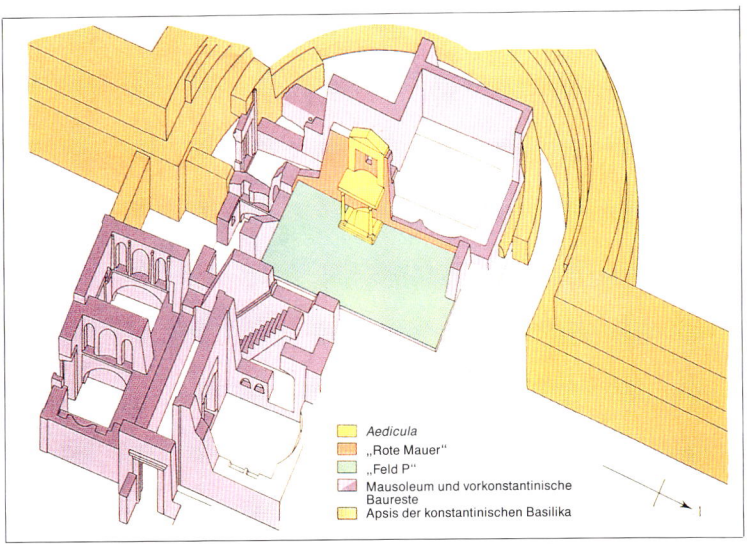

Fresko der konstantinischen Peterskirche im vertikalen Anschnitt. Domenico Tasseli, spätes 16. Jahrhundert.

man Teile des Hügels abtrug und andere Gräber anschnitt, zuschüttete oder zerstörte. Diese baulichen Schwierigkeiten mögen auch zu der vergleichsweisen langen Konstruktionszeit von 321 bis 329 beigetragen haben. Die Hartnäckigkeit, mit der das Ziel dennoch verfolgt wurde, gilt allerdings auch als zusätzliches Argument für die Sorgfalt, mit der die Echtheit des Ortes geprüft wurde (vgl. Kapitel I.3).

Auf der Skizze S. 121 unten ist deutlich zu sehen, wie umständlich rund um das *Tropaion* des Gaius, jenes von Euseb (*Kirchengeschichte* 2, 25, 6–7) erwähnte Denkmal über dem Petrusgrab, gebaut werden mußte. Details des Grabungsbefundes sind noch heute unter Archäologen umstritten, doch die Skizze gilt als gesicherte Rekonstruktion des Ergebnisses der konstantinischen Baumaßnahmen. Wie man sich die fertige Kirche vorstellen kann, zeigt ein Fresko Domenico Tasellis vom Ende des 16. Jahrhunderts (Abb. oben). So sah Konstantins Bau aus, ehe unter Papst Julius II. 1506 die Neubaumaßnahmen begannen, die zur heutigen Peterskirche führten (Detail Abb. S. 123 unten). Auffällig ist in der Zeichnung die Trennwand am Ende der drei Schiffe: Sie wurde 1538 eingebaut, um die Kirche weiter benutzen zu können, während der

Neubau bereits begonnen hatte. Heute ist von der konstantinischen Basilika nur noch weniges in den vatikanischen Grotten und in der Nekropole zu sehen. Die ungeheuren Ausmaße des Neubaus überdecken die Tatsache, daß auch die ursprüngliche Kirche der größte Bau Konstantins in ganz Rom war: 91 m lang, 63,50 m breit und 38,50 m hoch.

Es ist gelegentlich gesagt worden, Konstantin sei mit seinem Vorhaben, Rom baulich zu christianisieren, eigentlich gescheitert: Seine drei Großbauten hätten am Rande der Stadt oder außerhalb gelegen, auf ohnehin kaiserlichem Gelände. Doch diese Kritik geht an der Sache vorbei. Ostentativ demonstrierte der Kaiser gerade dadurch, daß er auf eigenem Gelände wertvollen Besitz umbauen oder sogar abreißen ließ, daß sein Haus nun in jedem Sinne des Wortes christlich geworden war. Für die christlichen Bürger war das eine vorbildliche Ermutigung. In der Tat begannen zu dieser Zeit die Gemeinden selbst, über alten Versammlungsräumen ihre Kirchen zu bauen, die sich überall im Stadtbild verteilten (siehe Karte S. 120). Und für das noch überwiegend nicht-christliche Patriziat der Stadt, vor allem für den Senat, war das eine Herausforderung, vor der niemand zur Tagesordnung übergehen konnte.

Blick auf das Innere der Kuppel Michelangelos. Im Kuppelring der lateinische Text von Matthäus 16, 18–19, mit dem zentralen „Tu es Petrus" – Du bist Petrus.

Vorchristliche Philosophen- oder Senatoren-Sitzfigur, die in konstantinischer Zeit durch eine neue Linke und einen neuen Kopf in Petrus verwandelt wurde.

Eine ähnliche Wirkung mußte die Petrus-Statue hervorrufen, die heute am Ausgang der vatikanischen Grotten zu sehen ist (Abb. links). Wie ein Philosoph (oder, wenn man wollte, wie ein Senator) ist hier der Apostel dargestellt. Und in der Tat hatte man einer früheren Statue „nur" eine neue linke Hand mit Schlüssel und einen neuen Kopf (mit späterem Heiligenschein) gegeben, um diese Wirkung zu erzielen. Einmal mehr wurde das Programm umgesetzt, mit dem das Christentum an die Stelle des alten trat, „das veraltet und überlebt ist" (Hebräer 8, 13).

KAPITEL II.5

Das heilige Land ruft: Helena und ihre Entdeckungen

Helena, die Mutter Konstantins, darf als Erfinderin der christlichen Archäologie gelten. 326, auf ihrer Reise in das Heilige Land, suchte und fand sie angeblich „echte Reliquien" wie das Kreuz Christi und die Treppe, die er zum Verhör vor Pilatus hinaufstieg. Während das Kreuz – mit Ausnahme der Inschrift – in der Kreuzfahrerzeit verlorenging, sind die Stufen noch heute in Rom allgemein zugänglich, in einem 1585–1590 eigens für sie errichteten Gebäude, *San Salvatore della Scala Santa*. Und noch immer kann man Pilger die „Heilige Stiege" auf ihren Knien hochgehen sehen, zur *Capella Sancta Sanctorum* mit einer Christus-Darstellung des 6. Jahrhunderts. Doch wie zuverlässig sind solche Funde? Wo beginnt die fromme Legende?

Die Scala Santa oder „Heilige Stiege" in Rom.
Ursprünglich waren die achtundzwanzig Marmorstufen im Lateranpalast aufbewahrt worden.
Papst Sixtus IV. ließ das heutige Gebäude errichten und die Stufen mit Holz verkleiden.

DAS HEILIGE LAND RUFT: HELENA UND IHRE ENTDECKUNGEN

Eine hochgeehrte Dame

Als Helena, rund achtzigjährig, Ende 329 in Rom starb, wurde sie mit höchsten Ehren bestattet. Sie, die ehemalige *stabularia*, die Gastwirtin aus niedrigen Verhältnissen, die 325 von ihrem Sohn zur *Augusta* erhoben worden war, erhielt nun ein eigenes Mausoleum bei der Katakombe der Santi Marcellino e Pietro an der Via Labicana (Abb. unten) und einen kostbaren Porphyrsarkophag, der sich heute in den Vatikanischen Museen befindet (Abb. S. 127). Es war ein Ort außerhalb der Stadtmauern, aber dennoch wiederum kein beliebiger: Gerade die Gräberstätte der Katakombe SS Marcellino e Pietro – die heute nur noch der Forschung zugänglich ist, nachdem sie erst zu Beginn dieses Jahrhunderts wiederentdeckt wurde – ist die prachtvollste ganz Roms. Ihr Bildprogramm ist vor allem auch durch zahlreiche neutestamentliche Szenen geprägt, die teilweise wie ein Zyklus aufgebaut sind. Zentral für die Bildpolitik Konstantins – und sicher auch seiner Mutter – waren dabei jene Fresken, die christliche Überwindung vorchristlicher bzw. auch außerchristlicher Symbolik unterstrichen: Ein „Guter Hirte", ein „Betender", Orpheus und – natürlich – Christus als Sonnengott. Diese Katakombenanlage wurde teilweise vom Helena-Mausoleum überbaut, das sich an eine ebenfalls von Konstantin errichtete Friedhofsbasilika anschloß. Die wenigen auf den ersten Blick sichtbaren Reste des Mausoleums verraten kaum etwas von der Größe der Anlage, in der Konstantin ursprünglich auch selbst bestattet werden wollte. Vor allem die Grabungskampagnen von Friedrich Deichmann (1940/1954–1958) und die 1975 begonnenen, punktuell noch immer fortgesetzten Untersuchungen durch die Archäologen der römischen École Française haben deutlich gemacht, daß hier in ähnlicher Weise gebaut wurde wie in der gleichfalls konstantinischen Friedhofskirche von San Sebastiano ad Catacumbas an der Via Appia und Sant' Agnese fuori le Mura an der Via Nomentana. Auch hier wurde nicht falsche Bescheidenheit vorgetäuscht: Mit einer Länge von 65 m, einer Breite von 23 m und einer Höhe von 14 m war diese Basilika für einen solchen Zweckbau unge-

Mausoleum der Helena bei der Katakombe der Santi Marcellino e Pietro, Via Labicana, Rom.

wöhnlich groß. Denn als Kirche konnte das Gebäude gar nicht benutzt werden; der Boden war lückenlos mit Gräbern belegt. Damit nicht genug: Östlich folgte ein 28,50 m langes und 9,50 m breites Atrium gleicher Höhe mit der Basilika, dem sich dann das Mausoleum anschloß – der einzige Teil, der sich heute noch sofort sichtbar über den Boden erhebt (Abb. S. 126 unten). Es war rund angelegt, 25,50 m hoch, mit einem Innendurchmesser von 20,18 m und einem Außendurchmesser von 27,74 m. Nüchterne Zahlen, die das gewaltige Gesamtkunstwerk und seine ursprünglich prachtvolle Innenausstattung nur noch schwer nachvollziehen lassen.

Porphyr-Sarkophag der Helena, ehemals in ihrem Mausoleum, heute im pio-clementinischen Museum des Vatikans. Die Darstellungen bieten weder christliche noch vorchristliche Motive, sondern siegreiche römische Soldaten und unterlegene „Barbaren".

Ein Haus für den Hort

Ambrosius, der Bischof von Mailand, berichtet in seinem 395 abgefaßten Buch *De Obitu Theodosii* (Über den Tod des Theodosius), daß Helena in Jerusalem drei Kreuze fand: Das Kreuz Christi und die der beiden mit ihm gekreuzigten Räuber. Das echte Kreuz Christi habe sie am *titulus* erkannt, der dreisprachigen Inschrift, die das Johannesevangelium erwähnt (Johannes 19, 19–22). Ambrosius hatte – wie wir bereits gesehen haben (Kapitel II.3) – unmittelbaren Zugang zum kaiserlichen Hof und hätte sich gut informieren können. Auffällig ist auch, daß der Tenor dieses kurzen Berichts von Rufinus bestätigt wird, dem Theologen und Origines-Übersetzer, der von 378 bis 397 in Jerusalem lebte (*Kirchengeschichte* 10, 7–8). Er fügt als Information u.a. hinzu, daß Helena den Ort der Kreuzigung nur mit Mühe fand, da er unter einem Venus-(„Aphrodite")-Tempel verborgen war. Diese Aussage des ortskundigen Mannes ist seit Ende 1991 endgültig durch die Archäologie bestätigt: Bei der Entfernung einer 50 cm dicken Kalkmörtelschicht fand man Baureste des oberen Tempelteils unmittelbar links neben der mittleren, ebenfalls wieder freigelegten Kreuzesmulde. Offensichtlich hatte Kaiser Hadrian nach 135, als er Jerusalem nach der Niederschlagung des Bar-Kochba-Aufstandes zerstören ließ, den Golgatha-Felsen weitgehend abtragen und stellenweise planieren lassen, um darüber das Heiligtum zu errichten. Tatsächlich ist der jetzt wieder freigelegte

Santa Croce in Gerusalemme, Rom. Das heutige Äußere ist barock, mit Ausnahme des Glockenturms von 1145. An der Nordwand ist die Wand des ursprünglichen kaiserzeitlichen Palastes zu erkennen, in dem Helena wohnte und der von Konstantin nach ihrem Tod zur Kirche und zur Reliquienaufbewahrung ausgebaut wurde.

Reliquiar mit Holzstück des Kreuzes Christi. Der französische Schriftsteller Ernest Hello errechnete 1858, daß selbst die doppelte Zahl aller auf der Welt bekannten Kreuzespartikel nur ein Zehntel eines antiken Kreuzes ergeben würden.

Teil oben nur schmal – das Areal, in dem sich einst das linke und das rechte Kreuz befunden haben müssen, existiert nicht mehr. Diese archäologische Bestätigung gibt den Aussagen des Rufinus und des Ambrosius neues, völlig unerwartetes Gewicht – denn die Forschung war sich bisher fast einig darin, daß es sich bei der Kreuzauffindungsgeschichte um eine Legende handelt, die nach dem Tode Helenas aufkam.

Dafür gab es insofern scheinbar schwerwiegende Indizien, als Euseb, der Hofautor Kaiser Konstantins, von Helenas Auffindung nichts schreibt und auch andere Autoren sie übergehen. Zumindest für Eusebs Verhalten gibt es allerdings eine plausible Erklärung: Er war Bischof von Caesarea, dessen Gemeinde sich auf den Apostel Philippus zurückführte (Apostelgeschichte 8, 40). Um 326 war Caesarea, mit der bis dahin größten christlichen Bibliothek des Reiches, weitaus einflußreicher als das vor Konstantin lange vernachlässigte Jerusalem. Echte Reliquien, noch dazu von der Mutter des Kaisers gefundene – das konnte Caesarea nicht bieten; und Euseb befürchtete ein Zurückgleiten seines Bischofssitzes in die Zweitrangigkeit. Völlig zu recht im übrigen, wie sich schon wenige Jahre später dank Konstantins umfassender Bautätigkeit in Jerusalem herausstellen sollte. Seine *Kirchengeschichte* leugnet also das Wirken Helenas nicht ab – zweckgerichtet ignoriert sie es einfach. Ähnlich war Euseb in einem anderen Fall vorgegangen – dort, um nicht sich selbst, sondern dem Kaiser eine Unannehmlichkeit zu ersparen: Er übergeht die Hinrichtungen des Crispus und der Fausta (vgl. Kapitel II.2). Hätten wir nur ihn als Quelle, wüßten wir nichts davon.

So muß man also nach dem neuesten archäologischen Befund wieder genauer hinschauen. Kann es denn auch stimmen, was Rufinus außerdem schreibt: daß Helena Teile ihrer Funde an ihren Sohn schickte? Wären damit manche der Reliquien, die heute in der Kirche *Santa Croce in Gerusalemme* aufbewahrt werden (Abb. S. 128 oben), doch authentisch auf Helena zurückzuführen, und wären sie unter Umständen vielleicht sogar echt? In einer Seitenkapelle werden die Funde aufbewahrt: Der Querbalken vom Kreuz des reumütigen Räubers, ein Stück vom Kreuz (Abb. S. 128 unten links), zwei Dornen der Dornenkrone (Abb. oben), ein Nagel vom Kreuz (Abb. rechts), ein Fingerglied des Apostels Thomas (wohl jenes, mit dem er nach Johannes 20, 27 die Seitenwunde Christi berührte, Abb. S. 129 unten links), der *Titulus*

Reliquiar mit zwei Dornen der Dornenkrone Christi.

vom Kreuz, und noch ein paar andere Stücke. Der heutige Leser lacht spätestens beim Fingerglied des Thomas auf – doch just diese „Reliquie" wird ebenso wie der Querbalken des Räubers und die Dornen in keinem der frühen Berichte der Suche Helenas zuge-

Reliquiar mit Kreuzesnagel Christi.

Reliquiar mit vorderem Zeigefingerglied des „Ungläubigen Thomas".

schreiben. Hier ist offensichtlich spätere Reliquiensuche und -gläubigkeit am Werk gewesen, mit der die Sammlung der Kirche noch ein wenig aufgestockt werden sollte. Wie aber konnten die drei Kreuze gefunden werden, wenn über allem ein Tempel stand? Soll man annehmen, daß sie dort nach der Kreuzigung rund 100 Jahre verblieben waren, bis Hadrian seinen Tempel baute, trotz der notorischen Holzknappheit in diesem Teil des Römischen Reiches (70 n. Chr. konnten die Römer unter Titus in der Nähe nicht genügend Holz für ihre Belagerungsmaschinen finden, mit denen sie Jerusalem erobern wollten)? Erstaunlicherweise *könnte* gerade dies ein plausibler Grund für ihren Erhalt sein: Golgatha war ja Hinrichtungsstätte nicht nur für Jesus. Auch an anderen Kreuzigungsberichten anderswo im Reich läßt sich aufzeigen, daß der Längsbalken immer wieder verwendet wurde und nur der kleine Querbalken austauschbar war. So etwa muß man sich die Evangelienberichte über den Kreuzweg Jesu vorstellen: Nicht das *ganze* Kreuz trug er, sondern „nur" den – für den Gequälten immer noch unerträglich schweren – abnehmbaren Querbalken. Es wäre zwar ein ungewöhnlicher, sicher auch schwer vorstellbarer Zeitraum, aber absolut auszuschließen ist es nicht, daß auf dem Golgatha-Felsen Kreuze stehenblieben, bis Hadrian sie niederlegen ließ, um seinen Aphrodite-Tempel zu bauen.

Helena – so berichtet Rufinus – ließ den Tempel niederreißen und fand die Kreuze „durcheinander", „tief unter dem Bauschutt". Nehmen wir Rufinus beim Wort, so ist zumindest darin nichts zu finden, das unglaubhaft wäre – um so weniger, als das Umfeld jüngst von der archäologischen Erforschung des Bereichs bestätigt wurde.

Mancher frühere Leser des Berichts mag allerdings zu einer vorschnellen Ablehnung durch den Akzent verführt worden sein, den Rufinus auf Gottes Wirken legt: Nachdem sie durch Befragung von Jerusalemer Bürgern die Lage Golgathas unter dem Aphrodite-Tempel ermittelt hatte, war ihr der exakte Ort der Kreuze erst durch ein „himmlisches Zeichen" deutlich geworden – ein Anklang an das himmlische Zeichen, durch das ihr Sohn das Christus-Monogramm sah, das er auf den Schilden seiner Soldaten anbrachte (Kapitel II. 1). Die interessante, auch für heutige Historiker aufschlußreiche Pointe folgt jedoch danach: Selbst die Entdeckung des *Titulus* sei, so schreibt Rufinus, für Helena noch immer „nicht ausreichend beweiskräftig gewesen, um das Kreuz des Herrn zu identifizieren." Rufinus fährt fort: „In einem so mehrdeutigen Fall erfordert die Unsicherheit eine Klärung durch göttlichen Beweis." Makarios, der Bischof Jerusalems, rät Helena, die drei Kreuze zu einer kranken Dame bringen zu lassen. Die Berührung des echten Kreuzes werde ihr Heilung bringen.

Die ersten beiden Kreuze bleiben wirkungslos. Erst das dritte Kreuz bringt die sofortige Heilung. Wir müssen uns in das damalige Denken hineinversetzen: Dem modernen Historiker würden archäologische Fakten genügen; der Mensch der neutestamentlichen Zeit (man denke an die Berührungswunder um Jesus und Paulus) und auch noch der Zeit Konstantins fand das zwar auch wichtig, brauchte darüber hinaus aber gerade das, was uns heute oft als legendär erscheint. Nur: Wird durch solche „Ergänzungen" das andere wertlos?

Der Ring des Kreuzes?

In dieses Umfeld paßt eine Entdeckung, die den beiden griechischen Archäologen Georg Lavas und Saki Mitropoulos Ende 1991 gelang: Im Zuge der Freilegung des ursprünglichen Golgatha-Felsens fanden sie hinter dem heutigen Altar eine Mulde und in ihr einen Steinring, der zur Befestigung eines Kreuzes diente (Abb. oben). Ist dies der Ring des Kreuzes Christi, oder ist es ein Erinnerungsring, der von Helena hier niedergelegt wurde? Die Untersuchung des Ringes und seine Datierung dauern noch an. Die literarischen Quellen erwähnen ihn nicht; da er nicht selbst Teil des Kreuzes Christi war, fand er keine eigene Verehrung. Hätte man ihn – z.B. zur Zeit Helenas – eigens hergestellt, wäre allerdings eine solche Handlung im Umfeld des Baus der Kirche wohl kaum übergangen worden. Eine nachträgliche Konstruktion wird auch durch eine erstaunliche Feststellung wenig wahrscheinlich: Der Ring hat einen Durchmesser von nur 11,5 cm. Das Kreuz kann also

Der Kreuzring in der Mulde hinter dem Altar auf Golgatha (oben) und freigelegt (unten).

kaum höher als ca. 2,50 m gewesen sein. Eine spätere „Erfindung" hätte dagegen sicher nicht auf die Chance verzichtet, die vom biblischen Bericht bildlich ableitbare „Erhöhung" Jesu am Kreuz – wie sie in der Kunstgeschichte bis heute prägend geblieben ist – auch durch einen passend

Die Grabeskirche heute. Die Außenstufen führen seit der Kreuzfahrerzeit auf den authentischen Golgathafelsen, der bis vor einem Jahr unter einer Kalkmörtelschicht lag.

2,50 m hohe Kreuzesstämme konnte man sicher einfacher in einen Krankenraum bringen als die Monumentalkreuze, die wir uns dank der Kunstgeschichte heute noch vorstellen.

Zusammenfassend kann soviel festgehalten werden: Die seltsamsten Funde – jene „Heilige Stiege" aus dem angeblichen Praetorium des Pilatus – dessen tatsächliche Lage Archäologen erst in den letzten Jahren als Teil des unteren Hasmonäerpalastes südwestlich des Tempelbergs feststellen konnten –, der Querbalken vom Kreuz des „reuigen Räubers", die Dornen und das vordere Glied des Zeigefingers des „ungläubigen Thomas", sie werden in den ältesten und besten Quellen keineswegs mit Helena in Verbindung gebracht. Ihr darf diese Art der Reliquiengläubigkeit nicht angelastet werden. Was ihr dagegen eindeutig zugeschrieben wird – die Auffindung des Kreuzes mit dem *Titulus* und einigen Nägeln (die auch anderswo aufbewahrt worden sein konnten – Joseph von Armimathäa hatte Jesus ja vom Kreuz abnehmen lassen), das ist mit den jüngsten archäologischen Forschungsergebnissen nicht nur zu vereinbaren, es wird durch sie sogar zusätzlich plausibel. Objektive *Beweise* sind das noch nicht; da wird man die Ergebnisse der kommenden Untersuchungen abwarten müssen. Doch von der Legende haben wir uns bereits weit in Richtung historischer Glaubwürdigkeit entfernt.

großen Ring zu unterstreichen. Auch den *runden* Ring (statt einer eckigen Befestigung) wie überhaupt die Existenz einer Bodenbefestigung als solcher hätte man kaum einfach erfinden können, zumal biblische Vorlagen dafür fehlten. Auch die scheinbar seltsame Geschichte von Bischof Makarios und der kranken Frau wird durch den Ringfund in einem Detail nachvollziehbarer: Rund

KAPITEL II.6

Kaiserliches Christentum und die Spuren: Konstantins Jerusalem

In Jerusalem leitete Konstantin ein Bauprogramm ein, das noch über seine römischen Vorhaben hinausging. Er hatte erkannt, daß hier – nicht in Rom – die eigentliche Hauptstadt des Christentums war. Schon kurz nach seinem entscheidenden Sieg über Licinius, der ihm 324 auch die Herrschaft über das Ostreich sicherte, konzentrierte er sich auf die Sicherung zentraler Wirkungsorte Jesu. Vor allem den Stätten von Kreuzigung und Auferstehung galt dabei seine Aufmerksamkeit. Trotz zweier Zerstörungen Jerusalems und der Überbauung durch Tempel Hadrians hatte es unter den Christen Jerusalems eine ununterbrochene Ortstradition gegeben. Die 1971 in der armenischen St. Vartans-Kapelle entdeckte Schiffszeichnung ist ein archäologischer Hinweis auf die Verehrung der Stätte nach der Mitte des 2. Jahrhunderts.

„Domine ivimus" – Herr, wir sind angekommen.
Inschrift der Pilgerzeichnung eines Schiffs unter der Grabeskirche.

Die St. Vartans-Kapelle mit der unter Glas geschützten Pilgerzeichnung.

Ein folgenreicher Fund

Die armenischen Ausgräber unter der Leitung ihres Bischofs Guregh Kapikian hatten nicht mit sensationellen Entdeckungen gerechnet, als sie nach der Beendigung eines mit israelischen Archäologen in ihrem Bereich der Grabeskirche durchgeführten Gemeinschaftsprojekts neugierig weitergruben. Doch dann stießen sie in einem zugemauerten Hohlraum – der heute, nach seiner Freilegung und Restaurierung, den Namen „St. Vartan und die Armenischen Märtyrer" trägt – auf etwas völlig Ungewöhnliches und bis heute nicht restlos Geklärtes: Sie fanden an einer Mauer die Zeichnung eines Schiffes mit umgelegtem (oder abgebrochenem) Mast und die in ungelenken Buchstaben daruntergesetzte lateinische Zeile DOMINE IVIMUS (Abb. S. 133, 134 links).

Die Bedeutung des Schiffes, das korrekte Verständnis des Textes und die genaue Datierung werden noch immer diskutiert. Nur soviel ist heute unumstritten: Es handelt sich um eine christliche Inschrift, um die Anrufung des Herrn nach bestandener Seefahrt. Und sie kennzeichnet offenbar ein Ankommen in unmittelbarer *Nähe* von Golgatha und Leerem Grab, jedoch nicht direkt an diesen Stätten selbst.

Wären Zeichnung und Text erst zur Zeit der Erbauung von Konstantins Kirche hier angebracht worden, dann könnte man das zwar immerhin als erste Spur dieser Art Pilgerwesens im Heiligen Land festhalten, doch eigentlich sensationell wäre es nicht – denn mit Konstantin und seiner Mutter wurde protegiertes Pilgern zu den historischen Stätten Jesus ein häufiges Phänomen.

Doch selbst diese „späte" Datierung war manchen Skeptikern noch zu konkret: Sie unterstellten den Entdeckern, den Fund gefälscht bzw. manipuliert zu haben, um zu einer christlichen

Deutung zu gelangen. Vor der Reinigung – 1975 – hatte ein Mitarbeiter der British School of Archaeology in einem Anflug freier Fantasie den Buchstabenbestand als ISIS MYRIONIMOS entziffert (vgl. S. 105). Dies hieße dann „Isis der myriadenhaften/tausendfachen Namen" und hätte nicht nur keinerlei Bezug zur Zeichnung, sondern wäre auch noch falsche Grammatik, denn – wie zahllose Vergleichsbeispiele lehren – richtig wäre hier die Form ISIDI. Wenn, ja, wenn es sich überhaupt um I, S, usw. handelt. Als Immanuele Testa die Schrift reinigte, las er DOMINE IVIMUS.

Die korrigierten Erstentzifferer waren in ihrer Ehre gekränkt und unterstellten dem katholischen Italiener einen verändernden Eingriff. Erst eine Untersuchung durch das Criminal Identification Bureau der israelischen Nationalpolizei konnte am 12. Januar 1977 endgültig klären, daß Testa sauber gearbeitet hatte. Es ist im übrigen nicht das einzige Mal, daß diese israelische Dienststelle einen Meinungsstreit unter christlichen Wissenschaftlern klärt. Erst jüngst, am 12. April 1992, wurde dort durch eine Analyse des in Qumran-Höhle 7 gefundenen Fragments 7Q5 mit Hilfe der Sichtbarmachung eines entscheidenden Buchstabenrestes endgültig gesichert, daß dieses kleine Papyrusfragment zum Markus-Evangelium gehört (Markus 6, 52–53). Auch dieser These hatten sich viele Forscher lange entziehen wollen, denn die Konsequenzen der Identifizierung sind u.a. eine Datierung des Markus-Evangeliums vor das Jahr 68 n.Chr. und die Erkenntnis der Verbreitung des Evangeliums durch die christliche Urgemeinde unter den Essenern von Qumran.

Solche weitreichenden Konsequenzen hätte das Pilgerschiff unter der Grabeskirche nicht – selbst dann nicht, wenn es vor Konstantin dort angebracht worden wäre. Dennoch ist es nach neuestem Erkenntnisstand ein aufschlußreiches Zeugnis für

Die Schiffszeichnung mit der Textzeile DOMINE IVIMUS. Man hat den Schiffstyp als römisches Handelsschiff identifizieren können. Als Details sind noch erkennbar, daß das Segel zusammengerollt hinter dem Mast liegt und mit roten Seilen oder Tauen zusammengebunden wurde. Der Bug trägt einen Gänsekopf als Verzierung.

Kaiser Hadrian (117–138 n. Chr.). Büste aus der Themse, bei London Bridge. Ca. 122 n. Chr. Hadrian ließ ca. 135 n. Chr. über Golgatha einen Aphrodite-Tempel errichten.

Der Ende 1991 wieder vollständig freigelegte Erdbebenriß (vgl. Matthäus 27,52).

christliche Aktivitäten in der von Hadrian völlig verwandelten Stadt:

Allein schon die Tatsache, daß der zeichnende Pilger nicht direkt bis an den Golgatha-Felsen oder an das Leere Grab gelangte, legt den Zeitraum der Entstehung ziemlich genau fest: Sie muß nach 135 n. Chr. entstanden sein, als Hadrian an beiden Stellen Tempel bauen ließ und damit für Christen den Zugang zu den heiligen Orten sperrte, und auf jeden Fall vor 326, als Konstantin (und seine Mutter Helena) diese Tempel wieder abreißen ließen, um allen Gläubigen den freien Zugang aufs neue zu ermöglichen.

Die Mauer selbst, an der die Zeichnung zu sehen ist, stammt aus dem 1. Jahrhundert. Das hilft also nicht weiter. Der Schiffstyp dagegen paßt sowohl ins zweite als auch ins dritte und noch ins frühe vierte Jahrhundert. Wie steht es aber um die Inschrift selbst? Sie ist in lateinischer Sprache abgefaßt. Das ist für Jerusalem ungewöhnlich, denn im Ostteil des Römischen Reiches war die allgemeine Verkehrssprache noch bis ins Mittelalter hinein Griechisch. Der Schreiber kam also wohl aus dem Westteil des Reiches, z. B. aus Rom. Doch auch dort sprachen und schrieben *die Christen* noch bis in die zweite Hälfte des zweiten Jahrhunderts Griechisch. Erst Minucius Felix, Tertullian und der Bericht über das Scillitanische Martyrium belegen für die Zeit ab ca. 165/180 n. Chr. das Aufkommen des Lateinischen in christlich-literarischen Kreisen. Andererseits können natürlich auch früher schon einzelne Inschriften in lateinischer Sprache abgefaßt worden sein – die in der neueren Forschung wieder als christlich ernstgenommene SATOR AREPO / PATERNOSTER-Inschrift von Pompeji (siehe S. 85–86) wäre ein sehr frühes Beispiel noch vor 79 v. Chr.

Hilft der *Inhalt* weiter? DOMINE IVIMUS heißt, beim Wort genommen, „Herr, wir sind (an)gekommen". Das wäre ein logischer Zusammenhang mit der Zeichnung, denn der umgelegte – oder möglicherweise auch gebrochene – Mast bezeugt, daß eine Reise zu Ende gegangen und zum guten, dankenswerten Schluß an ihr Ziel gelangt ist.

Doch auch das ist manchen Forschern zu einfach. Der Israeli Magen Broshi und der Dominikaner Pierre Benoit schlugen vor, aufgrund der Aussprachegleichheit von „v" und „b" im Spät-

Äußeres der heutigen Grabeskirche über dem Eingangsportal. In die oberen Bögen und Verzierungen sind vermutlich Reste des Aphrodite-Tempels Hadrians eingebaut worden.

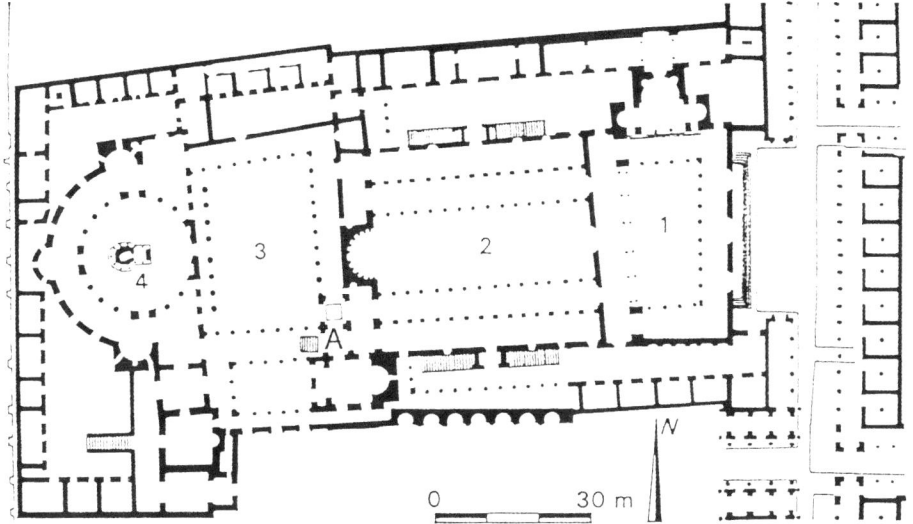

Rekonstruktionszeichnung der konstantinischen Grabeskirche nach Couäsnon, 1968. 4 = Bereich des Leeren Grabes; 3 = Inneres Atrium; 2 = Martyrion und Helena-Kapelle (an die sich östlich weitere Stufen nach unten die St. Vartans-Kapelle anschließt); 1 = Äußeres Atrium; A = Golgatha.

latein hier „*ibimus*" verstehen zu dürfen – d. h. „wir werden gehen" –, und dann wäre es eine direkte Anspielung auf den lateinischen Text von Psalm 122, 1: „In domum Domini ibimus" – „Lasset uns / Wir werden ziehen zum Haus des Herrn".

Nur ist dieser Vorschlag keine Verbesserung, denn der oder die Pilger sind ja bereits angekommen, und eine Anspielung auf Psalm 122 kann natürlich auch im korrekten Perfekt von „ivimus" enthalten sein. Der deutsche Forscher Gerhard-Wilhelm Nebe versucht seinerseits glaubhaft zu machen, daß hier eine Anspielung auf den Bericht von der Stillung des Sturms vorliegt, und zwar als freie Zitierung von Lukas 8, 24 und Matthäus 8, 25 in lateinischer Sprache: „Herr, wir werden zugrundegehen" – *ire* dabei statt des eigentlichen *perire*, und „v" statt „b" vorausgesetzt (per*ivimus*). Allerdings setzt diese kunstvoll aufgebaute These auch voraus, daß der lateinische Schreiber nur in Ausnahmen von den Regeln zu formulieren vermochte. Und so muß man fragen, warum Bild und Text nicht einfach das bedeuten dürfen, was sie wörtlich bezeichnen und besagen.

Oder sollen wir das Schiff vielleicht gar nicht wörtlich nehmen? Ist es gar allegorisch, übertragen gemeint – als Bild für die verfolgte, in Gefahren bedrohte Kirche? Das könnte natürlich möglich sein – frühe Kirchen-

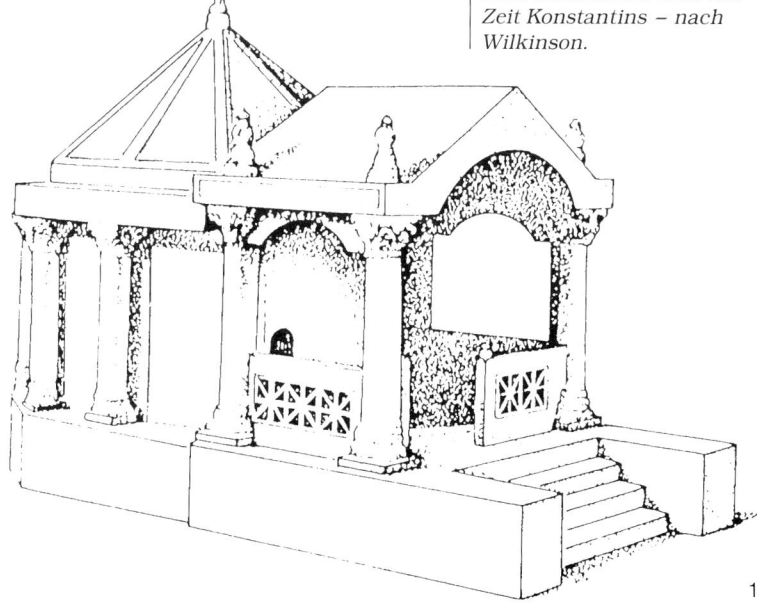

Rekonstruktion des Baus über dem Leeren Grab zur Zeit Konstantins – nach Wilkinson.

Heutige Aedicula des Leeren Grabes mit behelfsmäßiger Stahlumstützung von 1934.

Inneres der heutigen Kapelle des Leeren Grabes.

väter haben das Schiff nachweislich als Zeichen für die Kirche gedeutet. Dann kann die Schrift mit ihrer umständlichen Interpretation als „Herr, wir werden zugrundegehen" allerdings nicht

Blick vom Turm der Erlöserkirche auf die Grabeskirche.

mehr in die Zeit passen, die Nebe für sie vorschlägt, in die 1. Hälfte des 4. Jahrhunderts: Denn da war die Kirche alles andere als gefährdet. Im Gegenteil, unter Konstantin blühte sie gerade im Umfeld der Grabeskirche und Jerusalems zu ungeahnter Größe auf.

Was scheinbar so einfach begann – ein überraschender Fund mit einer deutlich erkennbaren Zeichnung und einer sauber restaurierten, vollständig erhaltenen Inschrift – stellt sich plötzlich als ein ungeahnt kontroverses Objekt der Archäologie heraus. Es wird aber auch deutlich, daß die Suche nach komplizierten Lösungen weder hilfreich noch notwendig ist, mitunter sogar falsche Voraussetzungen für umwegige Deutungen heranzieht. Sachgerechter scheint es, den archäologischen Befund ganz einfach ernst zu nehmen und mit der sprachlichen Wahrscheinlichkeit zu verbinden. Dann ergibt sich ein mit Sicherheit vorkonstantinisches Datum (unter oder nach Konstantin wäre das Anbringen dieser Zeichnung an dieser Stelle sinnlos gewesen), aber auch nach Hadrians Tempelbau, wohl gegen Ende des 2. oder zu Beginn des 3. Jahrhunderts, als die Christen weder im Osten noch im Westen des Reiches gezielt verfolgt wurden, im Westen bereits mehrheitlich Latein sprachen und schrieben und – angeregt durch das Aufkommen romanhafter Darstellungen des Frühchristentums gerade um 180 n.Chr. – ein Bedürfnis empfanden, das Heilige Land selbst aufzusuchen.

Für uns heute ist schließlich der Fund der Zeichnung und ihrer Inschrift eine zusätzliche Bestätigung anderer archäologischer und historischer Ermittlungen zur Geschichte von Golgatha, Leerem Grab und deren Baugeschichte, ein zusätzlicher Hinweis auch darauf, daß es in Jerusalem wohl auch in den Zeiten, in denen man nicht bis unmittelbar an die Stätten gelangen konnte, eine zuverlässige Ortstradition gab – eine Ortstradition, an die Konstantin und Helena anknüpfen konnten.

Ein Zeichen für die Welt

So wie Konstantin in Rom drei Hauptkirchen bauen ließ (die Lateransbasilika, die Peterskirche und die Kirche des Heiligen Kreuzes, Santa Croce in Gerusalemme), so konzipierte er auch für das Heilige Land drei große Kirchenbauten: die Geburtskirche in Bethlehem, die Kirche über dem Leeren Grab (und Golgatha) und die Ölbergkirche, die sogenannte *Eleona*. Diese letztere war wohl eher ein Nebengedanke, vielleicht nur, um die Dreizahl zu erreichen. Der Ort der Endzeitrede Jesu und der Auferstehung auf dem Ölberg waren nie fest lokalisiert worden. Der Kirchenbau dort oben wechselte seine Rolle mehrmals und gilt heute als die Stätte, an der Jesus das Vaterunser lehrte. Während hier erst seit 1910 Spuren des konstantinischen Baus gefunden wurden, zeigt sich sowohl in Bethlehem als auch an der Grabeskirche – wie schon zuvor an der Peterskirche in Rom –, daß Konstantin dort, wo er entscheidende Fixpunkte im Leben Christi verherrlichen wollte, sorgfältig recherchierte, ehe er bauen ließ.

Blick über die Kirche „Maria der Deutschen" (ehemalige Johanniterritter-Kirche des frühen 12. Jahrhunderts) auf den Tempelberg in Richtung Ölberg.

Sobald er sich vergewissert hatte, war kein Aufwand zu groß. Wie in Rom das teilweise Zerstören einer alten Nekropole für den Bau der Peterskirche in Kauf genommen wurde, so zögerte er nun in Jerusalem nicht, die Tempelanlage Hadrians dem Erdboden gleichmachen zu lassen. Und dem Jerusalemer Bischof Makarios schrieb er, diese Kirche der Verherrlichung von Christi Auferstehung solle alle anderen

Kirchen an Glanz und Pracht übertreffen; Makarios möge ihm eine Liste der benötigten Handwerker, Baumaterialien und Finanzmittel schicken – er werde alles bekommen.

Natürlich wußte Konstantin, daß solche Maßnahmen auch im Osten des Reiches ebensowenig ohne Widerspruch bleiben würden, wie sie es im Westen beim Bau der Peterskirche waren. Das Reich war ja noch nicht christlich – eine Mehrheit vor allem der Beamtenschaft und des Adels hing noch den alten Kulten an. Etwa zur gleichen Zeit, um 325, muß der Kaiser den Statthaltern und hohen Beamten, „die noch heidnisch zu sein scheinen", per Erlaß ausdrücklich dekretieren, daß sie weder opfern noch sonstwie Götzendienst *(eidololatria)* halten dürften. Man muß sich das auch für die Osthälfte des Reiches deutlich vor Augen halten, um zu begreifen, wie notwendig für Konstantin eine gewissenhafte Überprüfung der Historizität dieser Stätten war. Sich später nachweisen lassen zu müssen, daß alles nur Gerücht oder Legende war – das konnte er sich in dieser empfindlichen Situation weder hier noch dort leisten.

Die heutige Archäologie ist zunehmend in der Lage, die Entscheidungen Konstantins zu rechtfertigen. So wie in Bethlehem gezeigt werden konnte, daß die heute bis zur Unkenntlichkeit entstellte „Geburtsgrotte" tatsächlich auf eine Wohngrotte oder -höhle der frühneutestamentlichen Zeit zurückgeht, so kann nun auch in der Grabeskirche Argument für Argument zusammengetragen werden. Denn da ist nicht nur die Mulde des Kreuzes mit dem Steinring, der auf Golgatha gefunden wurde (siehe Abb. S. 131), da ist auch der nun wieder freigelegte große Riß im Felsen (Abb. S. 136), der sich jetzt erst wieder durch den ganzen Stein bis nach unten in die sogenannte „Adamskapelle" verfolgen läßt und nach Meinung der zuständigen Archäologen der Beweis für die Richtigkeit des Berichts im Matthäus-Evangelium ist. Dort, Kapitel 27,52, wird von einem Erdbeben berichtet, das auf die Kreuzigung folgte und durch das „die Felsen zerrissen".

Die Baugeschichte der Grabeskirche kann heute in großen Zügen rekonstruiert werden (Skizze S. 137 oben); gesichert ist auch, daß sowohl Golgatha als auch das Leere Grab – in unmittelbarer Nähe zu einer anderen Grabanlage, die in der syrischen Kapelle noch heute zu sehen ist – zur Zeit Jesu außerhalb der Stadtmauern lagen, den Voraussetzungen des Evangelienberichts also entsprechen. Besonders spannend ist jedoch ein zur Zeit noch laufender Versuch, mit neuesten Methoden die Geschichte des Leeren Grabes vom Jahre der Grablegung Jesu bis heute zu rekonstruieren.

Zwei britische Wissenschaftler, Professor Michael Cooper (City University London) und Professor Martin Biddle (Hertford College Oxford), stellen mit Hilfe tausender Fotos jedes Details des heute erhaltenen Steinbestandes ein photogrammetrisches Programm zusammen, das jede Bauphase auf dem Computerbildschirm entstehen läßt. Skizzen wie jene von Wilkinson (S. 137 unten), die das Aussehen des 4. Jahrhunderts (d.h. unter Konstantin) vorstellen will, mögen sich dabei letztlich als annähernd korrekt erweisen.

Die heutige Außenkonstruktion den Leeren Grabes, mühsam durch Stahl aus der britischen Mandatszeit von 1934 zusammengehalten (Abb. S. 138 unten) verdeutlicht, wie dringlich eine vollständige Rekonstruktion des Gebäudes tatsächlich ist. Die Genehmigungen liegen vor, alles Stein für Stein abtragen und anschließend neu aufbauen zu lassen. Biddle und Cooper halten zuvor jedes kleinste Detail fest und analysieren es. Und sie sind sicher, beim Abschluß ihrer Arbeiten Ende 1993 auch über das tatsächliche Aussehen des heute nur noch zu erahnenden Leeren Grabes (Abb. S. 138 oben) zuverlässige Auskunft geben zu können.

Zusammenhänge

Der Blick auf den Ölberg (Abb. S. 140) in Richtung *Eleona* macht deutlich, wieviel auf den Spuren des Frühchristentums auch heute noch zu tun bleibt. Wo im Vordergrund heute die Ruinen einer von Johanniter-Rittern im 12. Jahrhundert errichteten Dreifach-Anlage aus Hospiz, Kirche und Krankenhaus zu sehen sind, stand zur Zeit Jesu die Nordwestecke des unteren Hasmonäerpalastes, in dem sich das tatsächliche Praetorium des Pilatus befand, jener Ort, an dem Jesus zum Kreuzestod verurteilt wurde. Und in der Mitte wird der Tempelberg erkennbar, mit der El Aksa-Moschee. Rechts davon war das Doppeltor, durch das Jesus – über jüngst wieder freigelegte Stufen – wie andere fromme Juden auch in den Tempel ging. Gottesdienst, Endzeitrede und Klage über Jerusalem, Todesurteil und Auferstehung – all das kommt hier in den Blick und ist doch nur punktuell durch kaiserliches Bauprogramm, Archäologie und heutige Rekonstruktionsversuche begreifbar.

KAPITEL II.7

JERUSALEM ODER ROM? RESTE DER EINHEIT IN DER VIELFALT

Im vierten Jahrhundert hatte das Christentum längst alle Schichten der Gesellschaft erreicht, doch vor allem in Europa hatte es dabei den Kontakt mit den jüdischen und juden-christlichen Ursprüngen im Heiligen Land verloren. Das Bauprogramm Konstantins in Bethlehem und Jerusalem war ein Korrektiv, und die römische Kirche folgte seinem Beispiel.
Untersuchungen haben gezeigt, daß Roms berühmtestes Apsis-Mosaik, jenes in der Kirche Santa Pudenziana, die historischen christlichen Bauten Jerusalems wiedergibt – so, wie Reisende des 4. Jahrhunderts sie beschreiben konnten.

Santa Pudenziana, Rom, Apsis-Mosaik mit Christus und den Aposteln. Hinter Petrus und Paulus zwei Frauen; sie stellen die Kirche aus dem Judentum („aus der Beschneidung") und aus dem Heidentum dar. Im Hintergrund links und rechts neben dem edelsteingeschmückten Kreuz Gebäude aus dem konstantinischen Jerusalem.

Zurück zu den Wurzeln

Im August 410 wurde Rom erobert – nach fast 1000 Jahren zum ersten Mal. Alarich, der König der Westgoten, hatte sein Ziel erreicht. Drei Tage ließ er die Stadt plündern. Alarich war selbst Christ – allerdings Arianer, also auch darin ein Gegner „Roms". Dennoch schonte er alle kirchlichen Gebäude; daß seine Soldateska einige von Konstantin stammende Silbergegenstände aus der Lateranbasilika raubte, blieb die ungenehmigte Ausnahme. Da andererseits die Gebäude des „heidnischen"

*Santa Sabina, Rom.
Bauzeit 425 – ca. 433 n. Chr.*

Roms etwa auf dem Forum zum Teil erheblich beschädigt wurden, und da vor allem die alte, gerade erst zusätzlich gesicherte Stadtmauer Kaiser Aurelians nicht standgehalten hatte, kam es nun zu einer folgenreichen Reaktion unter Christen und Nichtchristen:

Das Entsetzen über die Katastrophe war beiden gemeinsam; in Bethlehem teilte der Kirchenvater Hieronymus mit, er könne vor Schluchzen nicht mehr diktieren; ähnlich reagierten nichtchristliche Würdenträger. Heidnische Senatoren sahen die Schuld bei den Christen; seit sie die Macht an sich gerissen und beispielsweise den Victoria-Altar aus der *Curia* entfernt hätten, sei es mit Rom bergab gegangen.

Die Absage an die alten Götter – das hätte ja zum Untergang der Stadt führen müssen. Umgekehrt verwiesen die Christen darauf, daß gerade ihre Gebäude und Besitztümer verschont blieben: ein Beweis dafür, daß Gott auf ihrer Seite Roms stand. Doch auch unter den Christen war – wie die Reaktion des Hieronymus zeigte – die Verunsicherung groß. Eine theologisch-literarische Antwort gab Aurelius Augustinus. Er schrieb daraufhin seinen *Gottesstaat* („De Civitate Dei") und erläuterte, daß es auf Rom, die konkrete Stadt, gar nicht ankomme. Entscheidend sei die Gemeinde Gottes, die *Civitas Dei*.

Er schloß das Werk 426 ab, als gerade auf dem Aventin der Bau einer herausragenden Kirche begonnen hatte: Santa Sabina (Abb. S. 144). Auch diese Kirche war ein Programm. Dabei war weniger die Ortstradition wichtig, die Erinnerung daran, daß hier im 2. Jahrhundert eine Römerin namens Sabina Räume ihres Privathauses für Gottesdienste zur Verfügung gestellt hatte (und Bebauungsspuren dieser Zeit sind in der Tat unter der Kirche gefunden worden), als vielmehr die Durchführung der inneren und äußeren Gestaltung. Die Rückbesinnung auf die Quellen, zu der die Infragestellung Roms seit der Zerstörung 410 entscheidend beitrug – diese Rückbesinnung wird bereits am Eingangsportal deutlich. Dort ist ein einzigartiges Beispiel der frühchristlichen Kunst erhalten geblieben: die Doppeltür mit 18 (von ursprünglich 28) Holzbildtafeln, die Szenen des Alten und Neuen Testaments enthalten. Nirgends zuvor, auch in den Katakomben nicht, ist eine vergleichbar umfassende Szenenabfolge entworfen worden. Daß dabei auch Christus am Kreuz gezeigt

Stifterinschrift Petrus' des Illyrers in der Kirche Santa Sabina. Links die Kirche aus dem Judentum (= der Beschneidung, Ecclesia ex circumcisione), rechts die Kirche aus dem Heidentum (Ecclesia ex gentibus).

Detail: Die Ecclesia ex circumcisione.

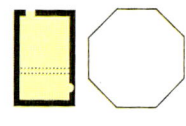

Detail aus dem Apsis-Mosaik der Kirche Santa Pudenziana, Rom: Oktogon des Theodosius (links), angebaut an die judenchristliche Kirche/Synagoge des späten 1. Jahrhunderts auf dem Zion. Darüber Modellskizze.

Außenwand mit wiederverwendeten herodianischen Großsteinen.

Modellskizze der judenchristlichen Kirche/Synagoge des 1. Jahrhunderts.

wird – in leidender Nacktheit –, ist gleichfalls eine mutige Neuerung in der christlichen Kunst. Zeitlich früher liegt (unter den uns bisher bekannten Funden) nur das polemisch antichristliche Spottkruzifix mit dem Eselskopf vom Palatin, das auf das späte 2. Jahrhundert datiert wird.

Sind hier Altes und Neues Testament ausführlich in Bezug zueinander gesetzt, so ist noch wichtiger für das Verständnis und Selbstverständnis dieser Zeit nach 410 die Ausgestaltung der Stifterinschrift oben auf der Innenseite der Fassade (Abb. S. 145). Goldene Großbuchstaben (Majuskeln) auf blauem Grund beschreiben die Errichtung der Kirche durch Petrus den Illyrer (der Name in Zeile 4). Und die auch durch die Herkunft des Stifters schon bezeichnete Vielfältigkeit des Christentums als einer idealtypisch *multikulturellen* Gesellschaft wird nun – in dieser Eindeutigkeit wiederum erstmals in der christlichen Kunst – durch die beiden Frauen unterstrichen, die links und rechts von der Inschrift dargestellt sind. Links eine im Typus der römischen Matrone wiedergegebene Frau, die ein aufgeschlagenes Buch hält; unter ihr die zwei Zeilen, die sie identifizieren: ECCLESIA EX CIR-/CUMCISIONE, „Die Kirche aus der Beschneidung" (Detail Abb. S. 145 unten). Rechts davon das Gegenstück: die ECCLESIA EX GENTIBUS, „Die Kirche aus den Heiden".

Der Mann vom Balkan, aus Illyrien, der die Kirche bauen ließ, und der selbst aus dem Grenzbereich zwischen West und Ost stammte, demonstriert hier die Zusammengehörigkeit beider Wurzeln des Christentums, und es mag kein Zufall sein, daß die beiden Frauengestalten durch keinerlei klischeeartige Kennzeichnungen voneinander zu unterscheiden sind.

Petrus der Illyrer knüpfte an ein Vorbild an und führte es unzweideutig fort, das wenige Jahre zuvor in der nur wenige Kilometer entfernten Kirche Santa Pudenziana entwickelt worden war. Auch dort waren zwei Frauen dargestellt – im Apsismosaik, das noch aus der Zeit des Papstes Siricius (384–399) stammte und unter Innozenz I (402–417) nach der Eroberung Roms ergänzt wurde (Abb. S. 148 oben). Mit Ausnahme des in der Mitte thronenden Christus ist keine Gestalt durch eine Inschrift näher gekennzeichnet. Nur aufgrund typologischer Züge kann man sagen, daß links Paulus mit einer als „heidnisch" zu verstehenden Frau dargestellt ist, die ihn

bekränzt, während gegenüber rechts Petrus mit der jüdischen Frau verbunden ist – den beiden Kirchen bzw. „Zielgruppen" also, für die diese Apostel vorwiegend zuständig waren. Es hat allerdings auch Deutungen gegeben, die in den Frauen die Töchter des Senators Pudens, Praxedis und Potentiana, sehen wollten, die einer späten Tradition zufolge von Petrus und Paulus getauft wurden. Die eindeutig gekennzeichnete Darstellung der zwei Frauen in Santa Sabina schafft jedoch wohl Klarheit zugunsten der ursprünglichen Deutung. Sie wird weiter gestützt durch die Identifizierung der Gebäude im Hintergrund. Lange Zeit meinte man, sie seien nur symbolisch zu verstehen, ohne konkrete Vorbilder, oder als „himmlisches Jerusalem". Erst Forscher wie Gerhard Kroll und Bargil Pixner haben ihre Verbindung mit tatsächlichen Bauten Konstantins nachweisen können. Links vom Golgatha-Hügel ist die *Anastasis* zu sehen, d. h. das von Konstantin über dem Leeren Grab Christi errichtete Gebäude; rechts von Golgatha die Synagoge der Judenchristen auf dem Zion mit dem links davor angebauten Achteck Kaiser Theodosius'. Dahinter wiederum die *Eleona*-Kirche auf dem Ölberg. Der Golgatha-Felsen selbst bleibt, wie wohl auch anfangs unter Konstantin, noch bewußt unüberbaut.

Die trotz barocker Eingriffe noch gut zu erkennende Struktur dieser Gebäudemosaike ermöglicht ihre Verbindung mit literarischen und archäologischen Quellen. Dadurch scheint nunmehr gesichert zu sein, daß die beiden miteinander verbundenen Gebäude rechts vom Golgatha-Felsen (siehe Detail S. 146 oben links) die byzantinische Kirche des Theodosius (379–395) und, rechts anschließend, die judenchristliche Synagoge des späten 1. Jahrhunderts sind. Theodosius hatte das Bauprogramm Konstantins konsequent fortgesetzt; darüber hinaus machte er per Edikt am 27. Februar 380 das (römisch-katholische) Christentum zur alleinigen Staatsreligion. Und dann korrigierte er manche Mißstände, die im Zuge des plötzlichen Machtzuwachses der Christen eingerissen waren. Vor allem wandte er sich gegen sporadisch aufkommende Judenverfolgungen und erließ am 20. September 393 (also zur Zeit der Konstruktion des Apsis-Mosaiks in Santa Pudenziana!) ein Gesetz zum Schutz der Juden.

In dieses Umfeld paßt auch sein Erweiterungsbau der judenchristlichen Synagoge auf

Nach Norden, auf Golgatha und Leeres Grab ausgerichtete Nische in der Kirche/judenchristliche Synagoge des späten 1. Jahrhunderts.

JERUSALEM ODER ROM? RESTE DER EINHEIT IN DER VIELFALT

Apsis-Mosaik, Santa Pudenziana, Rom. Heutiger Zustand nach starken Beeinträchtigungen durch Restaurationsversuche im späten 16. Jahrhundert.

dem Zionsberg. Dem Archäologen und Topographen Bargil Pixner gelang in den vergangenen Jahren der Nachweis, daß dieses Gebäude (siehe Skizze S. 146 unten) die zuverlässige Ortstradition des urchristlichen Hauses bewahrte, in dessen Obergemach das letzte Abendmahl und die ersten Treffen der Gemeinde nach der Auferstehung und zu Pfingsten stattfanden. Wesentliche Indizien sind dafür u. a. die herodianischen Bausteine aus von den Römern im Jahre 70 zerstörten Gebäuden, die hier wiederverwendet wurden (Abb. S. 146 unten) und die sogenannte „Thora-Nische", d. h. der Aufbewahrungsort der Rollen des mosaischen Gesetzes in den Synagogen (Abb. S. 147 oben). Die noch heute im angeblichen Davids-Grab erhaltene Nische weist jedoch nicht auf den Ort des Tempels, sondern auf *Anastasis* und Golgatha, auf die Orte von Tod und Auferstehung Christi.

Hier hatten also Juden gebaut, die bereits Christen geworden waren und nun die alte Form mit der neuen Ausrichtung verbanden.

Die Quellen Europas

Daß gerade dieses Gebäude mit seiner Ergänzung durch Kaiser Theodosius auf dem Apsis-Mosaik von Santa Pudenziana in Rom identifiziert werden kann, darf nicht unterschätzt werden. Nach der Eroberung Roms begann eine Phase der Besinnung und Neuorientierung, in der noch einmal gegen manche Strömung, die unterschwellig längst spürbar geworden war, das jüdische Erbe, die jüdische Wurzel des Christentums erforscht und verdeutlicht wurden. Es war, als wollte man gegen die „kulturlosen Barbaren", die nun Rom bedrohten, die ganze Größe der christlichen Zivilisation und ihrer Ursprünge setzen – nicht mehr, wie anfangs unter Konstantin, mit der Um- und Neuinterpretation griechisch-römischer Kulturwerte, sondern im direkten Rückgriff auf das Alte Testament und die jüdischen Ursprünge des Evangeliums Jesu Christi.

Nie zuvor – und nie wieder seitdem – war das jüdische Grundelement des christlichen Glaubens und der christlichen Verkündigung so unverstellt und positiv in das Bau- und Bildprogramm des offiziellen Christentums integriert worden.

Santa Pudenziana, Santa Sabina, das Rom und das Jerusalem des späten 4. und 5. Jahrhunderts lassen auf diese Weise etwas aufleuchten, das dem christlichen Europa – auch in Ländern, deren archäologische Spuren hier nicht behandelt wurden (Griechenland, Spanien, die Schweiz, Österreich, um nur die wichtigsten zu nennen) – längst und zum Teil auf grausame Weise verlorengegangen ist.

Eine Fakten- und Fährtensuche, die hier finden, retten und vermitteln will, müßte erst noch beginnen. Sie ist um so notwendiger, je ernsthafter danach gefragt wird, ob es im Zeichen des grenzenlosen Binnenmarktes auch wieder ein *christliches* Europa geben sollte und geben könnte.